# „Moderation ist Gold"

## Grundlagen der modernen Moderation

Gesprächsleitung, Umfragen, Talkrunden
und Manipulation

# Horst Hanisch

# „Moderation ist Gold"

## Grundlagen der modernen Moderation

Gesprächsleitung, Umfragen, Talkrunden
und Manipulation

# „Ich heiße Sie herzlich willkommen ..."

## *statt eines Vor-Worts*

*Habe keine Angst vor Perfektion. Du erreichst sie nie*

**Salvador Dali, span. Maler**
**(1904 - 1989)**

## „... zu unserer heutigen Gesprächsrunde."

Wir reden miteinander und wir reden zu anderen. Wir sprechen, diskutieren, tragen vor, kommunizieren, diskutieren und so weiter und so weiter. Hören wir auch einander zu? „Klar", mögen Sie sagen, „höre ich auch meinem Gesprächspartner zu. Sonst wüsste ich ja gar nicht, was ich dem anderen entgegnen soll." Also scheint das Zuhören ein elementarer Teil einer Kommunikation zu sein. Wir setzen dabei Stillschweigen voraus, dass die Kommunikation auch einen Erfolg im weitesten Sinne erzielen soll.

Im vorliegenden Buch betrachten wir uns Gesprächsrunden und Dialoge verschiedener Art. In der Regel wird unterstellt, dass einige Menschen zusammentreffen, um sich auszutauschen. Um ihre Meinung darzustellen – und – im positiven Sinne – zuzuhören, was der Gesprächspartner zu sagen hat.

Manch ein Gesprächspartner hat sich als Ziel gesetzt, möglichst viel eigene Meinung zu vermitteln, ohne auf die Ideen oder Einwände anderer Rücksicht zu nehmen. Wer am lautesten schreit, muss noch lange nicht Recht haben. Und wer die meisten Redebeiträge bringt, muss nicht zwangsläufig die besten Ideen sein eigen nennen. Es ist ohne weiteres denkbar und auch anzunehmen - und sogar richtig -, dass auch ruhigere Gesprächspartner, die sich nicht stark artikulieren können oder wollen, brillante Gesichtspunkte in eine Gesprächsrunde bringen können.

Damit die Aktiven beruhigt und die Passiven gestärkt werden können, wurde die Position des Gesprächsleiters bzw. der Gesprächsleiterin eingeführt. Diese Person hat einige – entscheidende – Aufgaben in seriösen Gesprächsrunden zu übernehmen. Auf den folgenden Seiten werden wir uns deshalb überwiegend der Aufgabe dieser Person widmen, wobei wir meistens von einem Moderator bzw. einer Moderatorin ausgehen.

Diese Person achtet nicht nur auf das gesprochene Wort, sondern auch auf das ‚Drumherum'. Spätestens seit Albert Mehrabian wissen wir, dass sich in der Kommunikation nur 7 % der vermittelten Informationen auf die gesprochenen Wörter beziehen, aber 93 % auf die Art und Weise, <u>wie</u> die Wörter ausgesprochen werden, sowie auf die Körpersprache. Geschulte

Moderatoren werden dieses Wissen berücksichtigen. Sie werden auch die räumlichen Gegebenheiten entsprechend der Zielsetzung herrichten (lassen), und sie werden auf die sozialen Strukturen der Gesprächsteilnehmer untereinander Rücksicht nehmen.

Neben dem Standardwerk des Autors ‚Körpersprache und ihre Geheimnisse', das ausschließlich auf <u>nonverbale</u> Kommunikation ausgerichtet ist, sowie dem Buch ‚Reden ist Silber', in dem überwiegend dem <u>gesprochenen</u> Wort während einer Präsentation oder eines Vortrags Rechnung getragen wird, liegt im vorliegenden Buch der Schwerpunkt auf der Art und Weise, <u>wie</u> in einer Gesprächsrunde miteinander kommuniziert wird.

Da wir uns thematisch im zwischenmenschlichen Bereich bewegen, mögen mir die Leserin und der Leser es nachsehen, wenn ich auf den ein oder anderen Punkt ausführlicher eingehe, und dadurch die ein oder andere Sache etwas subjektiv betrachtet erscheinen mag.

Um trotzdem möglichst viel Objektivität mit einzubringen, nehme ich mir als Autor und Mensch die Freiheit, auf das Wissen und die Erfahrung anderer Menschen rückzugreifen. Deshalb nutze ich hier die Gelegenheit, mich bei einigen Menschen auf diesem Wege zu bedanken, die mich psychisch und physisch bei der Realisierung dieses Projekts selbstlos unterstützten. Da sind zum einen einige Studentinnen und Studenten, die Anregungen in praktischer Umsetzung mancher Gesprächsrunde gaben, zum anderen auch mein Vater Alfred Hanisch, der mir als Lektor und Ratgeber sehr unterstützend diente, wie auch mein Freund Kurt Sturm, der es mir - durch das Erledigen täglich anfallender Arbeiten und Aufgaben - ermöglichte, stressfrei an diesem (und anderen) Projekten arbeiten zu können. Ich vergesse auch nicht all diejenigen Bekannte und Freunde, die mir mit kleinen - aber wertvollen - Ratschlägen Hilfestellung gaben.

Ich wünsche Ihnen, liebe Leserin und lieber Leser, viel Spaß bei der Lektüre und beim möglicherweise praktischen Umsetzen.

Auf dass Sie Ihre private wie auch berufliche Zukunft erfolgsorientiert ausbauen mögen!


Horst Hanisch

# Inhaltsverzeichnis

# Kapitel 1 - Gegenseitige Wechselwirkung und Beeinflussung

## Was A sagt und B versteht

*Wenn ich meinen Nächsten verurteile, kann ich mich irren,*
*wenn ich ihm verzeihe, nie*

**Karl Heinrich Waggerl, österr. Schriftsteller**
**(1897 - 1973)**

## Ständige gegenseitige Beeinflussung

Gesprächspartner in einem Dialog oder in einer Gesprächsrunde beeinflussen sich gegenseitig. Sie beeinflussen auch den Gesprächsleiter, so wie dieser die Gesprächsteilnehmer ständig beeinflusst. Deshalb ist es sinnvoll, sich schon im Vorfeld mit seinen Gesprächspartnern gedanklich auseinander zu setzen. Besonders gilt das dann, wenn Sie die Rolle der Gesprächsführung übernehmen, also die Rolle des Moderators oder der Moderatorin einnehmen.

### Die Grundhaltung des Moderators

Die Grundhaltung des Moderators zu seinen Gesprächspartnern beeinflusst demnach den Ablauf der Gesprächsrunde sehr stark. Erscheint Ihre Grundhaltung als überheblich, arrogant, ängstlich, unterwürfig usw., werden die Gesprächspartner entsprechend reagieren. Die korrekte Grundhaltung ist ‚selbstbewusst' und ‚gleichberechtigt' allen Teilnehmern gegenüber. Gleich, ob ein Arbeitsloser oder ein Professor die Rolle des Gesprächspartners übernimmt, für den Moderator sind sie alle ‚gleich viel wert'.

### Wechselwirkung untereinander

‚Wie wir in den Wald hineinrufen, so schallt es heraus!'

Was ist damit gemeint?

Manche Moderatoren begehen den Fehler, ihre Gesprächspartner ‚nur' als laufende Nummern, als austauschbare Einheiten zu sehen.

Darin liegt eine große Gefahr. Der Gesprächspartner ist sensibel. Er spürt genau, wie mit ihm umgegangen wird. Entsprechend wird er mit dem Moderator umgehen. Sieht der Moderator den Gesprächspartner ‚nur als Berufsschüler', wird dieser den Moderatoren ‚nur als ‚besserwissenden' ‚Belehrer' sehen.

Das scheint nicht gerade der fruchtbare Boden für eine gute Zusammenarbeit zu sein.

Deshalb der Appell an alle Moderatoren und Gesprächsleiter:

„Sehen Sie Ihre Teilnehmer als interessante menschliche Individuen, die die Energie aufbringen, mit Ihnen zusammen ein Teil Ihres Lebens zu verbringen, und am Ende der Gesprächsrunde mit neuen Erkenntnissen nach Hause zu gehen."

## Bedürfnisse der Zuhörer

Jeder Mensch hat Bedürfnisse - also auch die Gesprächspartner. Nach Abraham Harold Maslow, US-Psychologe (1908 - 1970), hat der Mensch folgende Bedürfnisse, (vereinfachte Darstellung):

Der Mensch hat Motive und Bedürfnisse. Durch die Befriedigung der Bedürfnisse, wird der Mensch motiviert. Nach Maslow hat die Motivation einen dilatorischen (aufschiebenden) Charakter.

Erst, wenn fundamentale Bedürfnisse befriedigt sind, kommt ein nächst höheres Bedürfnis ins Blickfeld.

Die Bedürfnisse bauen in 5 Stufen aufeinander auf, wobei zuerst Stufe 1, dann Stufe 2 und so fort befriedigt werden muss.

1. Stufe: Physische Bedürfnisse / Physiologische Bedürfnisse

Dazu gehören: Essen, Trinken, Schlaf, Bewegung, Selbsterhaltung, Sexualität, Wärme

2. Stufe: Sicherheits-Bedürfnisse

Dazu gehören: Materielle Sicherheit, Sicherheit des Existenzminimums, allgemeines Schutzbedürfnis, Altersvorsorge, Versicherung, Bedürfnis nach stabilen Verhältnissen, Liebe oder Zuneigung im Sinne der Geborgenheit

3. Stufe: Liebes-Bedürfnisse, Soziale Bedürfnisse

Dazu gehören: Zugehörigkeit zu einer sozialen Gruppe oder Gesellschaft, Freundeskreis, Bekanntschaften, Gesellung, Liebe oder Zuneigung im Sinne der Zuwendung, Verein

4. Stufe: Wertschätzungs-Bedürfnisse, Ich-bezogene Bedürfnisse

Dazu gehören: Bedürfnisse nach dem eigenen Ich, Anerkennung durch andere, Status, Macht, Achtung durch andere, Selbstachtung, Selbstvertrauen, Geltungsbedürfnis

5. Stufe: Bedürfnisse nach Selbstverwirklichung

Dazu gehören: Bedürfnisse nach dem inneren Ich, volle Entfaltung, volle Selbstverwirklichung, Zurückgezogenheit, volle Verwirklichung der eigenen

Möglichkeiten. Hier findet sich möglicherweise auch der sogenannte Flow Effekt, blitzartiger Augenblick intensiven Lebens. (Nach Mihaly Csikszentmihalyi [sprich: Tschik-zent-mihai], Happyologe)

Beispiel zur Berücksichtigung der Bedürfnisse:

Ein Zuhörer kann müde werden und demnach das Bedürfnis nach Schlaf haben. Vielleicht hat er auch Hunger und dadurch das Bedürfnis nach Nahrungsaufnahme.

In beiden Fällen wird es dem Teilnehmer schwer fallen, sich auf die Präsentation zu konzentrieren. Da die Bedürfnisse der Zuhörer schwerer wiegen als der Wunsch zuzuhören, werden die Zuhörer unaufmerksam, ja, sie werden gegebenenfalls den Vortragenden / Präsentierenden sogar stören.

Deshalb sollte der Redner sich überlegen, welche Bedürfnisse der Zuhörer haben könnte, und sollte dem Teilnehmer rechtzeitig die Möglichkeit bieten, seine Bedürfnisse zu befriedigen.

Konkret heißt das zum Beispiel:

- entsprechende Pausenplanung

- Raumgestaltung (Luft, Licht, Sitzordnung usw.)

- Organisatorisches (wo sind Waschräume, Toiletten, wo kann geraucht werden, wie sind die Spielregeln?)

## Menschenmenge = Masse

Falls Sie vor sehr großer Menschenmenge zu sprechen haben, mögen folgende Hinweise ihr Interesse wecken:

- Die Masse reagiert leicht auf Emotionen (Gefühle ansprechen).

- Die Masse zeigt geschwächte Urteilskraft („Wird schon stimmen.").

- Die Masse zeigt deutlich Konformität – Solomon Asch.

- Die Masse reagiert auf bildkräftige Aussagen (5 Sinne anregen).

- Je größer die Masse, also je mehr Zuhörer, um so einfacher die Diktion (die Ausdrucksweise) des Sprechenden.

# Massenkommunikation

Wer weiß, wie Massen beeinflusst werden können, hat eine große Macht. Die Macht der Manipulation im positiven wie im negativen Sinne. Natürlich weiß der Betroffene auch, wie er sich gegen diese Manipulation wehren kann.

## *Die Masse und die Medien*

Der Begriff 'Massenmedien' ist den meisten geläufig, aber nicht eindeutig. Es kann sich um

- Zeitungen,

- Illustrierten,

- Rundfunk,

- Tonträger,

- Fernsehen

- und andere

handeln.

Bei den Massen unterscheiden wir zwischen

- Medialer Masse und

- Präsenter Masse.

Die mediale Masse bildet zum Beispiel Fernseh-Zuschauer, die getrennt die Sendung verfolgen. Die präsente Masse bilden die Zuschauer, die zum Beispiel alle gleichzeitig bei einem Open-Air-Konzert anwesend sind.

Die Medien bilden sozusagen die Brücke zwischen dem Ort des Geschehens und der jeweiligen Masse.

## *Beeinflussung der Masse*

Um eine Masse zu beeinflussen, und deren Interessen zu erreichen, können folgende unkte umgesetzt werden:

- Grunderregungen anregen

    → Mitleid, Trauer

- Mitmenschliche Ansprache wählen

  → Bekannte Persönlichkeit, Medienstar

- Ansprechauswahl

  → Was die Mehrheit der Angesprochenen für richtig hält (die gängige Meinung), lässt sich leicht verstärken

- Moralbonus

  → Das Werteempfinden moralischer Punkte ist hoch

## *Massenverhalten*

Was unterscheidet das Verhalten einer Person in seinem Alltag von der in einer Masse? In der Masse wird die Vernunftsteuerung des Einzelnen durch die kollektive Instinktsteuerung der Masse überlagert. Deshalb wird sich der Einzelne in der Masse, zum Beispiel in einer Notsituation oder unter anderem psychischen Druck massenkonform verhalten und damit teilweise voraussehen.

Und genau das ist der Punkt, der es dem Massenmedien Nutzenden relativ einfach macht, seine eigene Meinung zu verbreiten, und zwar so, dass sie auf fruchtbaren Boden trifft.

# Einwand und Abwehr

## *Der Zuhörer vertritt (aggressiv) eine andere Meinung*

*Lang ist der Weg durch Belehren, kurz und wirksam durch Beispiele*

**Lucius Annaeus Seneca, röm. Politiker
(ca. 4 v. Chr. - 65 n. Chr.)**

### Angriff und Abwehr in Diskussionen

Ein Zuhörer unterbricht Sie? Sie haben den Eindruck, der Zuhörer will Sie provozieren? Eine nicht zu unterschätzende Gefahr. Damit Ihnen nicht die Zügel aus der Hand genommen werden, oder Sie vor allen anderen Zuhörern als unglaubwürdig dastehen, gehen Sie wie folgt vor:

- Bewahren Sie vor allem Ruhe.

- Signalisieren Sie non-verbal Zustimmung.

  → Zunicken, anlächeln.

- Antworten Sie in kurzen Sätzen.

  - „Ja, aber ...“

- Vermeiden Sie Provokationen.

  - „Das ist ein interessanter Aspekt, aber...“

- Hängen Sie Ihrer Antowrt eine Frage an.

  → Wer fragt, führt.

- Bitten Sie Ihren Gesprächspartner, Begriffe zu definieren.

  - „Was verstehen Sie unter ...?“

- Nehmen Sie deutlich Blickkontakt auf. Schauen Sie Ihren Gesprächspartner deutlich in die Augen, um Stärke zu demonstrieren.

- Heben Sie den Irrtum des Gesprächspartners deutlich hervor.

- Suchen Sie aber gleichzeitig nach Gemeinsamkeiten.

- Versetzen Sie sich während des Dialogs in die Lage des Gesprächspartners:

  → Aktiv wahrnehmen.

- Sie können auch verbale Angriffe des Gesprächspartners absichtlich missverstehen oder in einem anderen Sinne benutzen.

- Beenden Sie den Dialog in beiderseitigem Einvernehmen.

  ▪ „We agree that we don't agree."

- Verschieben Sie gegebenenfalls eine weiterführende Diskussion auf das Ende Ihrer Präsentation oder in die Pause.

  ▪ „Gerne klären wir das in der Pause."

## Einwänden begegnen

Sie haben verschiedene Möglichkeiten, Einwänden zu begegnen.

- Rückfrage - Methode

  → Zeit gewinnen

  → Einwand zur Frage umformulieren, um Zeit zu gewinnen

  ▪ „Sie fragen mich, ..."

- Rückstell - Methode

  → Beantwortung später

  ▪ „Das beantworte ich Ihnen gerne in der nächsten Pause." (Oder am Ende des Vortrags)

- Vorwegnahme - Methode

  → Einwänden zuvorkommen

  ▪ „Sie mögen behaupten, dass ..... aber ..."

- Ja, aber - Methode

  ▪ „Ja, das ist korrekt, aber ..."

- Vorteil - Nachteil - Methode

  → auch mal Nachteile einräumen, aber Vorteile herausstreichen

  ▪ „Der Nachteil dabei ist, ... , der Vorteil hingegen überwiegt ..."

- Abkenk - Methode

  → anderen Gesichtspunkt in Diskussion einbringen

- Divisions - Methode

  → zum Beispiel Angabe wird durch Menge / Gruppe dividiert

    - „10.000? Bei 80 Mio Deutschen sind das gerade mal 0,000125 %."

- Mulitiplikations - Methode

  → zum Beispiel Angabe wird mit Menge / Gruppe multipliziert

    - „Jeder fünfte? Bei einer Einwohnerzahl von knapp einer Million in Köln, macht das bereits 200.000 Menschen!"

- Bumerang – Methode

  → Umwandlung eines angeblichen Nachteils zum Vorteil

- Transformations -Methode

  → Einwand in Frageform wiederholen, um Einwand positiv umzuformulieren

- Offenbarungs - Methode

  → Gesprächspartner findet immer neue Gegenargumente. Dann:

    - „Unter welchen Umständen würden Sie ..."

# Ziel der Gesprächsrunde

*Das wahre Glück besteht nicht in dem, was man empfängt,
sondern in dem, was man gibt*

**Dennis Diderot, frz. Philosoph
(1713 - 1784)**

## Welches Ziel verfolgt die Gesprächsrunde?

In den meisten Gesprächen wird versucht, den anderen zu überzeugen. Überlegen Sie sich vor Beginn Ihrer Gesprächsrunde, weshalb Sie überhaupt mit Ihren Gesprächspartnern zusammentreffen. Die Gesprächspartner sollen das Gefühl haben,

- neue Erkenntnisse zu gewinnen,

- ihre Meinung vertreten zu können,

- andere Gesprächspartner von der eigenen Idee überzeugt zu haben,

- sich mit Gleichgesinnten austauschen zu können,

- ein gestecktes Ziel zu erreichen

- und anderes mehr.

Definieren Sie sich im Vorfeld das Ziel der Gesprächsrunde: „Was will ich erreichen?"

## *Mit einem Zitat einleiten*

*Wozu Socken? Sie schaffen nur Löcher!*

**Albert Einstein, dt.-US-amerik. Physiker**
**(1879 - 1955)**

## „Nichts ist unmöglich"

Das ist eine bekannte Aussage in einigen Werbespots des Unternehmens Toyota, die an vielen Stellen passend eingesetzt werden kann. Eine Menge Zitate regen zum Nachdenken, Lächeln oder kopfnickendem Zustimmen an. Hin und wieder ist zuhören: „Ja, das stimmt allerdings." oder „Wie wahr."

Mit anderen Worten: den meisten Zitaten werden Ihre Gesprächspartnern zustimmen. Ihr Vorteil: Sie erhalten eine positive Zustimmung. Wenn Sie die Quelle nennen (also <u>wer</u> gesagt bzw. geschrieben hat), erfolgt eine weitere positiv verstärkende Anerkennung („Ja, wenn Goethe / Adenauer / Jeanne d'Arc schon gesagt hat, ..., dann muss es ja richtig sein.") Wenn eine Jahreszahl angegeben werden kann (<u>wann</u> hat er / sie gesagt ...) bekräftigen bzw. unterstreichen Sie die Zeitspanne, wie lange die Aussage gilt. („Wenn schon Julius Cäsar im Jahr xx vor unserer Zeitrechnung gesagt hat, ... dann zeigt sich ja, wie lange die Aussage schon Gültigkeit hat.")

Das bedeutet, Sie

- zitieren
    - → wortgenau oder
    - → sinngemäß oder
    - → übersetzt
- nennen die Quelle
    - → eine ‚positiv' betrachtete Persönlichkeit (nicht etwa einen Diktator)
    - → und eine für die meisten Zuhörer bekannte Person (nicht etwa des Nachbarn Oma)
- nennen ggf. die Jahreszahl
    - → wann die Äußerung erfolgte oder
    - → von wann bis wann die Person lebte, die zitiert wurde.

- erwähnen ggf. die Unterlagen, wo die Äußerung festgehalten wurde

  → Faust I

  → Bibel - Neues Testament

  → Frankfurter Allgemeine

- sprechen aus:

  → „Ich zitiere" oder

  → „Ein Zitat."

Beispiel:

- „Ich zitiere Joschka Fischer, der gesagt haben soll: ‚Wer keine Ahnung hat, hat auch keine Meinung.' Zitatende."

Zweites Beispiel:

- „Ich führe als Zitat folgende Worte Charlie Chaplins an, der - nach meiner Übersetzung - folgendes gesagt haben soll: ‚Ein Tag, an dem du nicht lächelst, ist ein verlorener Tag.'"

Sie können ein aussagekräftiges Zitat als Aufhänger oder Titel Ihrer Gesprächsrunde wählen. Aber auch in der Einleitung oder im Schlusssatz der Gesprächsrunde kann ein Zitat passend und originell untergebracht werden.

Und wenn Sie jemanden korrekt zitieren, sagen Sie:

„Herr X sagte, dass er ..."

„Herr X will ..." (Das ist eindeutig Manipulation)

## *Konferenz-Raum*

*Eine Konferenz ist eine Sitzung, bei der viele hingehen, aber nur wenig herauskommt*

**Werner Finck, dt. Kabarettist**
**(1902 - 1978)**

## Der geeignete Raum für die Gesprächsrunde

Sie planen eine Gesprächsrunde? Diese könnte in einem (eigenen) Büro, in der Kantine, im Besprechungszimmer oder Besucherraum, aber auch im TV-Studio oder an vielen anderen Stellen stattfinden. Aber nicht jeder Raum eignet sich für jede Gesprächsrunde. Weiter gilt zu berücksichtigen, ob und wie viel Publikum anwesend ist. Folgende Eigenschaften des Raumes beeinflussen den Erfolg einer Gesprächsrunde:

- Ort des Raums

- Eigenes Büro?

- Besprechungszimmer?

- TV-Studio?

- Größe des Raumes (qm)

- Werden Mikrophone benötigt?

- Ist eine Mikrophonanlage vorhanden und wie funktioniert sie? Wer bedient sie?

- Gibt es Echo, Verzerrung oder Rückkopplung?

- Wie ist die Bestuhlung des Raumes?

- Sitzen die Gesprächsteilnehmer in einer Stuhlrunde?

- Sitzen die Gesprächsteilnehmer hinter Tischen?

- Wo ist der Moderator platziert?

- Je mehr Möbel, um so mehr wird Schall geschluckt.

- Wie und wo wird Publikum platziert?

- Gibt es Tageslicht, sind Fenster im Raum?

- Wie lassen sich Fenster abdunkeln?

- Können Fenster zur Luftzirkulation geöffnet werden und/oder gibt es eine Klimaanlage? Wie ist diese zu steuern?
- Wie lässt sich das Raumlicht beeinflussen? Gibt es einen Dimmer?
- Werden Hilfsmittel oder Medien benötigt?
- Wo können die eigenen Unterlagen deponiert werden?
- Sind ausreichend Stromanschlüsse für mitgebrachte elektrische Geräte vorhanden?
- Ab wann kann der Dozent zur Vorbereitung in den Raum? Gibt es einen Schlüssel zum Raum? Und wer stellt diesen zur Verfügung?

# Medien und Hilfsmittel

*Wenn man nur nicht mehr von ‚Medien' spräche,*
*sondern von einem elektronischen Schaugewerbe*

**Botho Strauß, dt. Erzähler**
**(*1944)**

## Die Mittel, die eine Gesprächsrunde unterstützen ...

... und auch gegebenenfalls während der Gesprächsrunde eingesetzt werden können.

Hier eine Auflistung der möglichen Artikel.

### Kommunikationstechnik

| Overhead-Projektor | Ersatzlampe | Beamer | Anschlusskabel |
|---|---|---|---|
| | Projektorwagen | | Überspiel-Möglichkeiten (Laptop / Computer) |
| | Folienrollen-Kassetten | | Lautsprecher |
| | Staubschutzhaube | | Lautsprecher-Verlängerungskabel |
| | Transportkoffer für Gerät | | |
| Videoprojektor | Ersatzlampe | Audio-Anlage (Kassettengerät, Verstärker für Mikro) | Mikrofon |
| | Transportkoffer | | Richtmikrofon (verringert Nebengeräusche) |
| | Verbindungskabel | | Mikrofon-Bodenständer |
| | Adapter | | Tischmikrofonständer |
| Videoplayer | Videorecorder | Diaprojektor | Ersatzlampe |
| | Fernbedienung | | Tragetasche |
| | Monitor | | Objektiv |
| | Kabel | | Rundmagazin |
| | Kassette | | Magazin |
| | Kassettenhülle | | Transportkoffer |

| | | | |
|---|---|---|---|
| Datenprojektor | (Verbindung Overhead - Computer) | | Kabelfernbedienung |
| Diamotor | (Bildschirm- und Diaprojektor in Einem) | | Infrarot-Fernbedienung |
| Computer / Laptop | Drucker | Klebebindesystem | Bindemappen |
| | Maus | | Binderücken |
| | Software | | Einbanddeckel |
| | Diskette / CD | | Abdeckfolie |
| Filmprojektor | Staubschutzhaube | Mischpult | Drahtloses Mikrofon |
| | Transportkoffer | | Bühnen-Mikrofon |
| | Deckellautsprecher | | Anschlusskabel |
| | Kofferlautsprecher | | Lautsprecher |
| | Kabel-Fernbedienung | | Lautsprecher-Verlängerungskabel |
| | Leerspule | | Transportkoffer |
| | Ersatzlampe | | Zusatzlautsprecher |
| Episkop (Sofort-Presenter) | Projektions-Stativ-Wagen | Hilfsmittel | Folienstift |
| | Ersatzlampe | | Folien-Leuchtmarker |
| | Schutzhülle | | Laser-Pointer |
| TV-Gerät | | | Teleskop-Zeigestab |
| Telefongerät | | | Pen-Pointer |
| Rednerpult | | | Schreibfolie |
| Handmegaphon | | | Folienrolle |
| | | | Kopierfolie |
| | | | Druckerfolie |
| | | | Schutzhülle für Folien |

## *Kommunikationsausstattung*

| Moderatoren-Koffer mit | Pin-Nadeln | Medien und Zubehör | Schreibtafel |
|---|---|---|---|
| | Klebeband | | Pinwand |
| | Flipchart-Marker | | Projektionswand |
| | Jumbo-Marker | | Weißwandtafel |
| | Kommunikations-Karten | | Kopiertafel |
| | Nadelkissen | | Papierrolle |
| | Whiteboard-Marker | | Magnet-Weißwandtafel |
| | Klebepunkte | | Stativ-Drehtafel |
| | Schere | | Naturkorktafel |
| | Messer | | Textiltafel |
| | Zeigestab mit Kugelschreiber | | Landkarten-Tafel |
| | Koffer | | Präsentationstafel |
| Kopiergerät | | | Präsentationswand |
| Hilfsmittel | Magnetischer Stifthalter | Wegweiser | Säulen-Wegweiser |
| | Haftmagnete | | Säulen-Infotafel |
| | Pinnadeln | | Gummirillen-Informationstafel |
| | Tafelwischer | | Gummirillen-Türschild |
| | Schwamm | | Kunststoff-Türschild |
| | Kreide | | Steckbuchstaben |
| Pläne - Kalender | Modulplan | Vitrine | Standvitrine |
| | Monatsplaner | | Tischvitrine |
| | Jahresplaner | | Wandvitrine |
| Flipchart | Flipchart-Blöcke | | |
| | Flipchart-Marker | | |

# Die Memo-Karte

*In den Konferenzen werden keine guten Ideen geboren.*
*Aber viele schlechte sterben*

**Francis Scott Fitzgerald, US-amerik. Schriftsteller**
**(1896 - 1940)**

## Der Spickzettel für den Moderator

Benötigen Sie eine Stichwortkarte? Dann fertigen Sie ein an, wie unten aufgeschrieben. Aber: Eine Stichwortkarte ist nicht dazu da, einen kompletten Text zu erfassen. Die Memo-Karte soll als Gedankenstütze und Stichwortgeber benutzt werden.

Eine gute Memo-Karte ist so zu gestalten:

- kartoniert
- A6 oder C7
- ungeknickt
- blendfrei
- positiv wirkende Farben (weiß, blau, grün, gelb), möglichst nicht sehr leuchtend
- falls Sie mehrere Memokarten benutzen, nummerieren Sie diese durch
- nur Vorderseite beschriften
- groß und deutlich schreiben
- ausformulierter Text <u>nein</u>, Stichwörter <u>ja</u>
  - → Daten
  - → Namen
  - → Zitat
  - → Hilfestellungen, zum Beispiel dass die Folie aufgelegt werden soll
  - → statistische Angabe
  - → eventuell der Einstiegssatz

Arbeiten Sie auch mit Symbolen, zum Beispiel:

- lächeln nicht vergessen (Symbol Smily ☺)
- Blickkontakt halten (Symbol Auge ⌢👁⌢ )
- langsam Sprechen (Symbol laufende Figur 🏃 )
- Zitat einfügen (Symbol Sprechblase 💬 )
- Statistische Angabe einfügen (Symbol Graph, nach oben zeigender Pfeil ↗ )
- keine Unwörter benutzen (Symbol Blitz ϟ )

Ihrer Fantasie sind dabei natürlich keine Grenzen gesetzt.

Eine Memo-Karte kann auch für Ihre innere Ruhe sorgen:

- sie kann Ihnen Schutz / Sicherheit geben
- sie kann Sie beruhigen
- sie haben etwas, um sich daran ‚festzuhalten'

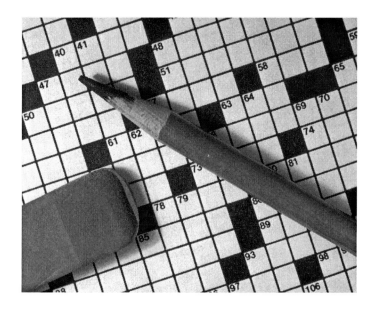

# Unterlagen

*Was immer du schreibst: Schreibe kurz, und sie werden es lesen.*
*Schreibe klar, und sie werden es verstehen.*
*Schreibe bildhaft, uns sie werden es im Gedächtnis behalten*

**Joseph Pulitzer, US-Verleger**
**(1847 - 1911)**

## Hand-outs und Unterlagen

Falls Sie begleitende Unterlagen zur Gesprächsrunde benötigen, werden sie zeitig erstellt.

Mögliche Vorgehensweise zur Erstellung:

- Brainstorming - Stoffsammlung
  - → sammeln von Ideen
  - → ohne dabei eine Rangordnung aufzustellen
  - → keine Killerphrasen; keine Wertung
- Werten – Auswählen
  - → Ideen werten, ob durchführbar oder nicht
  - → nicht Durchführbares verwerfen
  - → Durchführbares festhalten
- Sichten - Auswählen – Ordnen
  - → Durchführbares nochmals sichten
  - → definitiv auswählen
  - → nicht Durchführbares verwerfen
- Gliederung erstellen – ordnen
  - → in Rangordnung geben (Reihenfolge festlegen; was baut auf anderes auf?)
- Bildmaterial zuordnen
  - → Grafiken, Zeichnungen, Fotos dem Manuskript zuordnen
  - → Folien vorbereiten

- Layout

  → Bildmaterial in Layout einbringen und einbinden

  → eventuell Power-Point-Animation fertig stellen

# Aufbereitung des Inhalts

*Das Buch gib zurück, den Inhalt kannst du behalten*

**Manfred Hinrich, dt. Philosoph**
**(\*1926)**

## Sammeln - ordnen - fertig stellen

Um zu einer ‚runden' Gesprächsrunde zu kommen,  empfiehlt sich die folgende Vorgehensweise:

- Thema suchen

- Arbeitstitel suchen

- Stoffsammlung zum Thema (zum Beispiel mit mind-mapping)

- Brainstorming

- Überdenken, nicht Sinnvolles streichen

- Struktur erstellen

- Erste Stichwortfassung erstellen

  → Erste Stilistische Ausformung Hauptteil

  → Erste Stilistische Ausformung Beginn

  → Erste Stilistische Ausformung Ende

- Kontrolle

- Ausformung, Beginn, Hauptteil, Ende

- Arbeitstitel in Titel umwandeln

- Eventuell Bild- und Tonmaterial einbinden

- Endgültige Fassung erstellen

- Trainieren der Umsetzung

# Kapitel 2 - Lampenfieber und Anti-Stress

## *Lampenfieber*

*Ein Auftritt ohne Lampenfieber ist wie Liebe ohne Gefühl*

**Udo Jürgens, österr. Komponist**
**(*1934)**

### Nervös vor dem Auftritt?

Es ist absolut menschlich und demnach auch üblich, dass Sie vor Ihrer Aktion Lampenfieber bekommen. Das ist weiter nicht schlimm, zeigt es doch, dass Sie dem Kommenden große Beachtung schenken. Sollte das Lampenfieber allerdings in zu große Nervosität übergehen, kann es sein, dass Ihre Ausführung darunter leidet. Deshalb ist es sinnvoll, die Nervosität so gering wie nötig zu halten.

Natürlich gibt es mehrere Möglichkeiten, dieser Nervosität zu begegnen. Schauen wir zuerst einmal, wie Sie sich ‚mental' vorbereiten können.

## *Kognitive Fallen*

*Zufriedenheit nennt man den Augenblick zwischen*
*zwei Unzufriedenheiten*

**Agatha Christie, engl. Schriftstellerin**
**(1890 - 1976)**

### Die acht kognitiven Fallen

Im Folgenden sind acht Fallen (kognitiv = die Erkenntnis betreffend) aufgelistet, in die Sie leicht tappen können. Umgehen Sie diese Fallen, und viel Nervosität wird gar nicht erst entstehen.

1. Falle: Die Schwarz/Weiß-Falle.

Es handelt sich um ein ‚alles oder nichts' Denken. Das bedeutet, es gibt nur Schwarz oder Weiß, nur klein oder groß, nur richtig oder falsch. Dabei gibt es genügend ‚Grautöne'.

„Entweder ich bekomme das nun, oder ..."

2. Falle: Die Verallgemeinerungs-Falle.

In diese zweite Falle tappen wir, wenn wir Wörter wie ‚immer', ‚nie', ‚alle', und ähnliche verwenden.

„Jeder hat Lampenfieber."

3. Falle: Die Abwertungs-Falle.

Das sind Aussagen, die das Verhalten abwerten.

„Das war ja nichts besonders, was ich getan habe."

„Das sind ja nur ..."

4. Falle: Die Verlierer-Falle.

Eine Person, die sich als Verlierer, als Loser, als Absteiger usw. bezeichnet, bewegt sich in dieser Falle.

„Ich bin ja nur Hausfrau."

5. Falle: Die Filter-Falle.

Durch die Filter-Falle hört der Mensch immer nur das Schlechte, immer nur das Negative, immer hängt er sich an Problemen auf und beißt sich an Schwierigkeiten fest.

„Ist schon wieder ein Flugzeug abgestürzt."

6. Falle: Die Muss-Falle.

Durch Aussagen wie: ‚Du musst dies oder das tun.' stellt sich der Mensch unter Zwang.

„Ich muss morgen einen Vortrag halten."

7. Falle: Die Ich-hab's-ja-vorher-gewusst-Falle.

Nachher wissen wir alles besser.

„Das hätte ich dir vorher sagen können." Die Falle der ‚sich selbst erfüllenden Prophezeiung'.

8. Falle: Die Nachbar-Falle.

Die Falle des schlechten Gewissens.

„Was soll denn der Nachbar denken?"

# Anti-Stress

*Wer seine Bitte nur weiß zitternd vorzutragen, lehrt, den der bittet,*
*ihm sein Bitten abzuschlagen*

**Theodor Fontane, dt. Erzähler**
**(1819 - 1898)**

## Mir zittern die Knie ...

Lampenfieber bzw. Nervosität vor einer Gesprächsführung ist nichts Ungewöhnliches. Wenn die Nervosität allerdings Ihre Arbeit komplett negativ beeinflusst, so dass es sogar zu einer Art ‚Black-out' kommen kann, dann ist es sinnvoll, sich mit dem Thema Anti-Stress auseinander zu setzen.

Hans Selye (österr. Mediziner, 1907 - 1982) ist sozusagen der ‚Erfinder' des Wortes Stress. Er betrachtete ihn allerdings aus medizinischer Sicht.

Heute benutzen wir das Wort Stress etwas häufiger und geläufiger.

### Was bedeutet Stress?

In der heutigen Zeit unterscheiden wir zwischen Eustress und Disstress. Darunter verstehen wir:

- Eustress ist der positiv, emotional getönte Stress, wie zum Beispiel bei freudigen Erwartungen. Er ist positiv für uns.

- Disstress ist der weniger angenehme Gefühle bereitende Stress, zum Beispiel in Konfliktsituationen, bei Streit, unter Zeitdruck usw.

## Weshalb entsteht Stress?

In der heutigen Zeit klagen viele Menschen unter Zeitdruck und den dadurch entstehenden Stress. Wir leben in einer Zeit, in der offensichtlich alles schnell, schnell gehen muss, damit wir erfolgreich sein können. Brauchte es vor siebzig Jahre noch einige Tage, bis wir Informationen von der anderen Seite der Erdkugel erhielten, ist dies heute innerhalb weniger Sekunden möglich. Somit scheinen wir Zugriff auf viel mehr Informationen zu haben, als unsere Vorfahren.

Auch die Zeit, die zur Reaktion zur Verfügung steht, schrumpft immer mehr. „Today in - today out" lautet die Devise vieler Unternehmen. „Just in time" ist ein weiteres Merkmal dieser auf die Sekunde abgestimmten Zeit.

Es scheint demnach kein Wunder zu sein, dass bei vielen Berufstätigen der Zeitdruck ganz oben in der Stressliste steht.

Stress entsteht zum Beispiel durch:

- Zeitdruck

- Hohe Verantwortung

- Konkurrenzdruck

- Zwang zu schnellen Entscheidungen

- Lärm

- Überangebot an Informationen

- schlechtes Betriebsklima

- Mobbing

- Egoismus im Straßenverkehr

- und vieles andere mehr

## So reagiert der Körper bei Stress

Der Blutkreislauf wird beschleunigt.

Der Herzschlag steigt.

Der Blutdruck steigt.

Adrenalin wird verstärkt ausgeschüttet.

Die Blutgefäße verändern sich.

Blut wird aus Haut abgezogen, die Person wird blass.

Blut gelangt schneller ins Gehirn, um schneller denken zu können.

Die Grundspannung in den Muskeln wird erhöht, deshalb entsteht möglicherweise Zittern.

Die Atemfrequenz steigt.

Der Darm und die Harnblase steigern Drang zur Entleerung im Vorfeld, dann aber in tatsächlicher Stress-Situation nicht mehr.

Die Verdauung wird gehemmt.

Die Speichelproduktion wird reduziert.

Der Mund wird trocken.

1. Schweiß (Angstschweiß) wird produziert, zur besseren Abkühlung (früher während der Flucht).

Das Schmerzempfinden wird abgeschwächt.

Sex-Schwäche tritt ein.

## *Stress-Vermeidung*

Vermeiden Sie Stress-Situationen, in dem Sie:

- Entspannungstechniken einsetzen.

  → Zum Beispiel Autogenes Training, Meditation, Progressive Muskelentspannung, Tai Chi etc.

- Eine Phantasiereise unternehmen.

- Den Stress thematisieren.

  → Im Erfahrungsaustausch mit Kollegen, durch Gespräche mit dem Partner oder mit Freunden.

- Sich mental auf mögliche schwierige Situationen im Leben vorbereiten.

  → Spielen Sie gedankliche Verhaltensalternativen durch.

- Sich eine innere Distanz zum Arbeitsgeschehen schaffen.

  → Machen Sie sich klar, dass Sie nicht für alles alleine die Verantwortung tragen. Und vor allem: Nicht alles persönlich nehmen.

- Schwierigkeiten und Belastungen als Herausforderungen betrachten anstatt alles negativ zu sehen.

  → Streichen Sie das Wort Probleme und ersetzen Sie es durch Herausforderungen.

- In der jeweiligen Stresssituation Distanz schaffen.

  → Zum Beispiel überlegen Sie sich: „Was würde ich in dieser Situation einem guten Freund raten?" oder „Was würde ein neutraler Beobachter in dieser Situation sagen?"

  → Treten Sie neben sich und betrachten Sie die Situation und Ihr Verhaltensmuster von ‚außen'.

- Bewusstes Zeitmanagement einsetzen.
  - → Nehmen Sie nicht zu viele Arbeiten an.
  - → Erstellen Sie sich eine Prioritätenliste und klären Sie: „Was ist wirklich wichtig, was kann ich delegieren oder vernachlässigen?"
- Sich bewusst möglichst immer die Zeit nehmen, um nach der getanen Arbeit abzuschalten.
- Sich zu Hause eine ‚stressfreie' Zone einrichten.
  - → Es genügt schon ein Sessel, in dem Sie abschalten können.
- Auszeiten und Ruhephasen schaffen.
  - → Ziehen Sie sich in ein Zimmer zurück, und bitten Sie Ihr soziales Umfeld, Sie dann dort nicht zu stören.
- Gönnen Sie sich ganz bewusst schöne Dinge.
  - → Zum Beispiel ein leckeres Essen, die Lieblings-Musik anhören, in einem Buch schmökern.
- Den üblichen Tagesablauf sprengen.
  - → Setzen Sie öfter etwas ‚außer der Reihe' um. Damit klinken Sie sich eine gewissen Zeit aus dem Alltagsablauf.
- Körperlichen Ausgleich suchen.
  - → Zum Beispiel Joggen, Radfahren, Wandern etc.
- Eine gesunde Lebensführung führen.
  - → Zum Beispiel bewusste Ernährung, wenig Alkohol, ausreichend Schlaf etc.

# Kapitel 3 - Der erste entscheidende Eindruck

## Die Gesprächsteilnehmer treffen ein

*Heutzutage gilt ein Mann schon als Gentleman, wenn er die Zigarette aus dem Mund nimmt, bevor er eine Frau küsst*

**Barbara Streisand, US-amerik. Sängerin**
**(*1942)**

## Physiognomie (Gesichtsausdruck)

Glauben wir den Forschern Duisky und Psypich, schafft sich ein Mensch, wenn er sich ein statisches Bild einer Versuchsperson anschaut, bereits nach ¼ Sekunde ein dezidiertes (entschiedenes, energisches, bestimmtes) Vorurteil (1. Eindruck). Die Empfindungen sind gefühlsbetont. Die Versuchsperson erscheint zum Beispiel als sympathisch, autoritär, hinterhältig, intelligent, langweilig und so weiter.

Auch nach längerer Betrachtung ändert sich das selbst geschaffene (schöpferisches Schaffen) Bild kaum oder selten. Demnach müsste im Gegensatz zu einem statischen Bild ein bewegtes Bild einer Versuchsperson den Betrachter noch viel stärker beeinflussen (Quelle: Spiele 50/99).

Eine Viertel Sekunde erscheint uns als sehr wenig Zeit. Andere Untersuchungen gehen von zwei bis drei Sekunden aus, und wieder andere von sieben. Bleiben wir bei der relativ hohen Zahl Sieben.

In nur maximal 7 Sekunden entscheidet es sich, ob wir unseren Gegenüber sympathisch finden oder nicht. In nur 7 Sekunden! Von diesen 7 Sekunden hängt häufig sehr viel ab; ein erfolgreich verlaufendes Verkaufsgespräch, ein optimales Vorstellungsgespräch, oder ganz einfach auch nur eine positive Atmosphäre bei unseren Mitmenschen im Beruf wie im privaten Bereich. Diese Sekunden entsprechen dem ersten Eindruck, den unser Gegenüber von uns erhält. Eine zweite Chance zum ersten Eindruck haben wir nicht! Deshalb sind diese 7 Sekunden so außerordentlich wichtig für uns.

Geschäftspartner, Kunden und Gäste erwarten vom heutigen Mitarbeiter weit mehr als reines Fachwissen und Berufskenntnis. Die persönliche 'Note' wird immer mehr gefragt, eine der Zeit angepasste Umgangsform entscheidet oft über den Abschluss eines Geschäftes. Wussten Sie, dass in einem Vorstellungsgespräch - unabhängig von der Dauer des Gesprächs - bereits nach vier Minuten im Kopf des/der Personalchefs/chefin die Entscheidung zu einer Zusammenarbeit fällt?

Das zeigt uns, dass offensichtlich die menschliche Komponente einen ausgesprochen starken Einfluss auf unser Gegenüber hat.

Natürlich muss der erste Eindruck nicht korrekt sein. Vielleicht ist der Mensch ganz anders, als er uns erscheint. Aber vor allem: wir haben uns nach etwa maximal sieben Sekunden einen Eindruck gebildet. Und aus unserer Sicht - also subjektiv gesehen - gilt der erste Eindruck als richtig. Wir haben einen Menschen als aufrichtig, gehemmt, freundlich, selbstbewusst, verkaufsorientiert handelnd usw. eingeschätzt.

Wie kann es sein, dass wir einen Menschen nach so kurzer Zeit einschätzen? Vielleicht hat dieser Mensch noch gar nichts gesagt! Mit anderen Worten scheinen wir also auf Dinge, Elemente, Ausstrahlungen, die nicht-gesprochen also non-verbal erfolgen, zu reagieren.

Bei Versuchen wurde sogar herausgefunden, dass ein Mensch, der (auf einem Bild) seinen Kopf neigt als demütig, der, der den Kopf hebt als überheblich bis arrogant eingeschätzt wird.

Natürlich sind wir Menschen und bilden deshalb einen ersten Eindruck - wir sind ja kein Computer, der gefühl- und emotionslos agiert. Die Gefahr der Missdeutung besteht allerdings darin, dass wir einen falschen - möglicherweise absolut falschen - Eindruck einer Person erhalten. Daraus folgt, dass ein anschließendes Gespräch nicht unbedingt optimal verlaufen muss.

## Der erste Eindruck

Was macht den ersten Eindruck aus? Den ersten Eindruck beeinflussen:

- Alter
- Erscheinungsbild
- Kleidung: gepflegt, modern, sauber, Farbe
- Haare
- Farbe, gepflegt, kurz, lang
- Schmuck
- Behängt wie ein Christbaum?
- Gepierct an allen möglichen und unmöglichen Stellen?
- Modeschmuck oder gar kein Schmuck?
- Make-up
- Passend, die Persönlichkeit unterstreichend, zu ‚dick' aufgetragen?
- Auftreten
- Selbstbewusst, gehemmt?

- Blickkontakt

- Schaut demütig nach unten?

- Schaut gelangweilt nach oben?

- Schaut uns direkt an?

- Ein Lächeln um den Mund? Lächeln entwaffnet! ...

Das waren einige Punkte, die das Erscheinungsbild im Sinne des ersten Eindrucks beeinflussen. Glauben Sie, dass ein Gesprächspartner, der den Eindruck gewinnt, dass Sie gelangweit, hochnäsig, müde, frustriert, verärgert usw. erscheinen, gerne mit Ihnen zu tun hat? Glauben Sie, dass nach solch einem Eindruck eine Gesprächsrunde erfolgreich verlaufen kann?

Wohl kaum. Und warum nicht?

## Die sich selbst erfüllende Prophezeiung

Wir kennen den so genannten Effekt der ‚sich selbst erfüllenden Prophezeiung'.

Was bedeutet das? Stellen wir uns vor, unser Zuhörer erhielt einen positiven Ersten Eindruck von uns. Wir haben allen Grund anzunehmen, dass unser Gegenüber ein freundlicher, aufgeschlossener Mensch ist, der Interesse an unserer Präsentation zeigt und Zeit sowie Energie (und Geld) aufbringt, um uns sehen und hören zu können. Als Gesprächspartner fühlen wir uns beide wohl, wir fühlen uns gegenseitig beachtet. Wir (und viel wichtiger - unser Zuhörer) sind bereits zufrieden gestellt, ohne dass irgendein Verkauf (im Sinne der Präsentation) geschah.

Und das ist außerordentlich wichtig für uns. Der erste Eindruck war positiv, ggf. sogar sehr positiv. Unser Zuhörer fühlt sich beachtet und hat den Eindruck, dass das, was er wünscht, ebenso positiv behandelt wird. Es greift bereits der Effekt der ‚sich selbst erfüllenden Prophezeiung'. Nämlich: Der Gesprächspartner erwartet - und ist jetzt sicher - dass das Verkaufsgespräch (die Präsentation) erfolgreich verlaufen wird. Damit wir es uns noch einmal vor Augen führen: Wir haben ‚lediglich' einen positiven ‚Ersten Eindruck' aufgebaut.

Ist es nicht schön für uns, wenn wir nach erledigter Arbeit nach Hause gehen, zufrieden sind, und uns freuen über die vielen netten Teilnehmer / Zuhörer, die wir heute hatten? Sieht die Realität immer so aus? Ist es nicht schon vorgekommen, dass Sie sich zu Hause über die bösen, bösen, bösen ‚Kunden' oder ‚Zuhörer' beschwert haben, die immer mit ihren Extrawünschen und anderen Meinungen auftreten?

Nein, das <u>kann</u> mal vorkommen aber die Regel darf es nicht sein. Sicherlich haben Sie auch schon die Aussage gehört: ‚Servicewüste Deutschland'. Ist da was dran? Na ja, manchmal könnten wir das annehmen. Jeder von uns selbst kann allerdings dazu beitragen, dass es anders / positiver wird. Und nicht nur im Verkauf in den Geschäften, sondern im Verkauf in Ihrer Präsentation.

Und der Anfang sitzt beim Ersten Eindruck. Wenn Sie mit guter, positiver Stimmung in den Tag gehen, wenn wir den Gesprächspartner mit all seinen Bedürfnissen, Wünschen und Fragen als ‚erwachsenen' Gesprächspartner sehen, dann wird Ihr Tag viel harmonischer verlaufen.

## Gesundheitslatschen oder Pumps

Schauen wir uns noch einmal einen Punkt des ‚Ersten Eindrucks' an, nämlich die Kleidung. Natürlich ist ein jeder von uns ein Individuum und kann im Prinzip das Kleidungsstück anziehen, das ihm am besten gefällt. Aber nicht unbedingt jeder Gesprächspartner mag es, wenn wir im selbstgehäkelten Pullover und in Gesundheitsschlappen vor ihm sitzen. Auch mag nicht jeder, wenn wir aufgedonnert sind, als ginge es zu einem Tanzball oder in die nächste Disko.

Der Gesprächspartner erwartet ein entsprechendes Kleidungs-Outfit, ein Outfit, das zum Beruf, zum Produkt, das Sie in Ihrer Präsentation anbieten und natürlich auch zum Standort des Veranstaltungsortes passt.

Und wenn Sie die Rolle des Moderators übernommen haben, wird Ihre Kompetenz auch an Ihrem äußeren Erscheinungsbild gemessen.

# Kapitel 4 - Die zwischenmenschliche Kommunikation

## Wie funktioniert Kommunikation?

*Wären die Pforten der Wahrnehmung gereinigt,
erschiene jedes Ding wie es wirklich ist - unerschöpflich*

**William Blake, brit. Dichter
(1757 - 1827)**

### Körperliche Sensation

Über unsere fünf Sinne nehmen wir ständig eine Unmenge Informationen auf. Schauen Sie sich um und machen Sie sich bewusst, wie viele Informationen allein über die Augen in Sie eindringen. Nicht nur Wörter, Buchstaben oder Zahlen sind entscheidend für die Kommunikation, sondern so genannte ‚Körperliche Sensationen'.

Wir nehmen wahr:

- Bilder

  → Ich ‚sehe' etwas.

    ▪ Zum Beispiel den Menschen, der mir gegenüber sitzt.

- Töne

  → Ich ‚höre' etwas.

    ▪ Zum Beispiel die Lautstärke der gesprochenen Wörter.

- Gerüche

  → Ich ‚rieche' etwas.

    ▪ Zum Beispiel das Parfum oder das Eau de Toilette, das mein Gegenüber benutzt.

- Geschmack

  → Ich ‚schmecke' etwas.

    ▪ Zum Beispiel den Kaffee, den ich während des Gesprächs trinke.

- Gefühle

→ Ich fühle etwas. Hier gibt es zwei Wege

- ich fühle (ertaste) den Stift, den ich benutze, um mir Gesprächsnotizen zu machen oder

- ich fühle (empfinde) Sympathie für meinen Gesprächspartner.

Schon können wir erahnen, dass unser Gehirn offensichtlich nicht reine Buchstaben oder Daten speichert, sondern komplexe Bilder (bzw. Filme). Bilder, in denen sich etwas bewegt, in denen Geräusche hörbar sind, Farben, die auf uns einwirken usw. usw.

Diese komplexen Bilder bezeichnen wir als ‚Sensation'. Das Ultra-Kurzzeit-Gedächtnis nimmt die Sensation wahr.

## *Kodierung*

Im weiteren Verlauf wird den Sensationen eine Bedeutung zugeordnet. Dieser Vorgang heißt ‚Kodierung'. Die Bedeutung wiederum kann nur zugeordnet werden, wenn wir auf frühere Erfahrungen und Wissenswertes zurückgreifen können. Ein ‚Ding', das zwischen vier und fünf Meter lang, etwa 1,6 Meter breit und 1,4 Meter hoch ist, zum großen Teil aus farbigem Metall besteht und sich auf vier Rädern im Straßenverkehr befindet, bezeichnen wir als Auto.

Jedes Jahr entwickeln Ingenieure der Autofirmen neue Modelle. Sehen wir solch ein neues Modell zum ersten Mal auf der Straße, ist es für unser Gehirn ein Leichtes, diese neue Konstruktion sofort als Auto zu definieren - eben auf Grund unseres gespeicherten Wissens.

Vergleichbares geschieht mit der Sprache. Die meisten Menschen rümpfen bei dem Wort ‚Körpergeruch' die Nase und deuten dieses Wort (bzw. die ‚Bilder', die damit verknüpft sind, zuerst einmal negativ oder unangenehm; sie verbinden dieses Wort mit der Vorstellung von Schweiß, Mundgeruch usw.). Andererseits ist der Körpergeruch von Natur gegeben. Babys können ihre Mutter ganz offensichtlich am Geruch erkennen. Jeder einzelne Mensch scheint also einen ihm typischen Geruch zu haben. (Vergleiche: Patrick Süskinds Buch: ‚Das Parfum'. Dort beschreibt ein Mensch ohne eigenen Körpergeruch sein Leben.)

Wie werten Sie das Wort ‚Duft'? Sicherlich positiv, oder? Es ist nur ein <u>Wort</u>, das gerade mal aus vier Buchstaben besteht. Und dennoch geben wir ihm einen Wert. Vielleicht fallen Ihnen sogar während des Lesens dieser Zeilen einige Begriffe ein, die in uns die Vorstellung eines angenehmen Duftes wecken (Blüte, Kaffee, Essen, Parfüm usw.)?

# Subjektive Wahrheit

*Der Andersdenkende ist kein Idiot,*
*er hat sich eben eine andere Wirklichkeit konstruiert*

**Paul Watzlawick, österr. Kommunikationsforscher**
**(*1921)**

## Gibt es nur eine Wahrheit?

Wir kodieren die Sensationen - und die daraus entstehende Konstruktion stellt für uns eine wahre Sache dar. Wir sprechen hier von ‚subjektiver Wahrheit'. Dem Einen mag das Parfum wohltuend in der Nase duften, dem anderen wirkt es zu aufdringlich. Beide riechen zwar das selbe, empfinden aber recht unterschiedlich. Beide haben ihre Empfindung als (subjektive) Wahrheit definiert. Die Wahrheit des Einen muss aber nicht mit der Wahrheit des Anderen übereinstimmen.

Wir können sogar unterstellen, dass die einzelnen subjektiven Wahrheiten extrem voneinander abweichen können. („Ich finde dieses Kleid wirklich hübsch." - „Ich finde es ausgesprochen hässlich.")

### Speicherung

Schließlich wandert, so stellen wir uns dies vor, die Konstruktion ins Langzeit-Gedächtnis. Dort ist sie (so hoffen wir) auf ewig im Gehirn gespeichert. Mit dem so entstandenen Wissens- und Erfahrungsschatz kommunizieren wir mit uns und mit unserem Umfeld. Die Kodierung bestimmt unser Verhalten.

### Verbesserung und Ergänzung

Kommunizieren wir mit anderen, dann rufen wir die gespeicherten, kodierten, körperlichen Sensationen aus unserem Gehirn ab. Unsere Bilder bestimmen unser Gespräch. Leider beachten wir viel zu wenig die Gegebenheit, dass bei unserem Gegenüber die Bilder nun mal ganz anders aussehen können. Jeder hat seine eigene subjektive Wahrheit.

Wenn wir die Wörter anderer Leute hören, geschieht wiederum eine Kodierung, eine Art Neu-Kodierung, diesmal aufgrund unserer Erfahrungen, also unserer früherer Wahrnehmung, Bedeutungsgebung und Wortkodierung.

Erschwerend kommt hinzu, dass in der zwischenmenschlichen Kommunikation etwas weggelassen, verzerrt oder verallgemeinert wird. Und zwar auf beiden Seiten.

In den meisten Fällen fällt dies niemandem auf. Für fast jedes Wort unseres Kommunikationspartners können wir unsere eigene Bedeutung einsetzen. Dadurch entsteht zwar wiederum Sinn in dem, was wir empfangen - aber dies ist unsere eigene Interpretation - sie kann sich erheblich von dem unterscheiden, was der andere uns hat sagen wollen. Ansonsten wäre eine menschliche Kommunikation sehr wahrscheinlich überhaupt nicht möglich.

## Voraussetzungen der zwischenmenschlichen Kommunikation

Die Menschen müssen bzw. wollen etwas gemeinschaftlich haben oder teilen.

Dabei liegen folgende Bedingungen der Kommunikation zu Grunde:

- Regeln
- Normen
- Werte
- Zugehörigkeit
- Macht

### *Grundlagen guter Kommunikation*

Sie wollen gute Kommunikation ausüben? Dann denken Sie daran:

- Kommunikation ist eine Sache aller Sinne.

- Die Kommunikation dient dem Stärken des sozialen Umfeldes.

  → „Wollen wir über Ihre Präsentation sprechen?"

- Ihr Gesprächspartner besitzt die für ihn notwendigen Fähigkeiten und Stärken.

- In der Kommunikation gibt es keine falschen Ansichten oder Fehler, sondern nur andere Ansichten - nur Reaktionen!

Und weiter:

- Je mehr Menschen gleichzeitig angesprochen werden (Fernsehen), desto weniger kann der Einzelne  individuell angesprochen werden.

- Je schneller Nachrichten übermittelt werden (Telefon), desto weniger Zeit bleibt zum Überlegen.

# *Wahr ist das, was der Teilnehmer versteht*

*Jeder glaubt, die Wahrheit zu haben, und jeder hat sie anders*

**Gotthold Ephraim Lessing, dt. Schriftsteller**
**(1729 - 1781)**

## Wahr ist das, was B versteht; nicht das, was A sagt

Wahr ist das, was der Teilnehmer versteht, nicht das, was der Sprechende sagt!

Aufbauend auf unser bisheriges Wissen, sollte diese Aussage bei uns sofort Zustimmung hervorrufen.

Bedauerlicherweise kommt es in der zwischenmenschlichen Kommunikation nach wie vor zu vielen Missverständnissen.

Mit Hilfe des Sender-Empfänger-Modells von Friedmann Schulz von Thun, wollen wir hier die Kommunikationswege vereinfacht darstellen.

Ein Sender übermittelt einem Empfänger eine Nachricht. Diese Nachricht kann verbal oder nonverbal erfolgen.

Der Sender ist der Redner, der Empfänger ist der Zuhörer. (Stellt ein Zuhörer eine Frage, dann wird dieser zum Sender und der Redner zum Empfänger.)

### *Betrachtet aus der Sicht des Empfängers.*

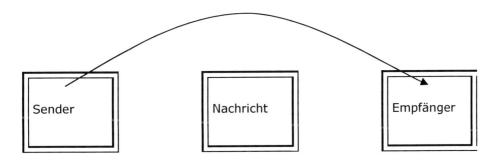

Wir sprechen hier von einer unechten Kommunikation: Eine Nachricht wird von einem Sender zu einem Empfänger gesendet. S ➜ E. Die unechte Kommunikation finden wir zum Beispiel im Fernsehen, Radio, Kino, beim Fax, bei Printmedien wie Zeitungen, Plakaten, aber auch in Piktogrammen, Verkehrsschildern und Hinweisschildern.

## Beispiele einiger Piktogramme:

- Piktogramm (Piktographie):

  → Dinge werden bildlich dargestellt (zum Beispiel Darstellung [Mensch] für WC)

- Ideogramm (Ideographie):

  → abstakte oder konventionelle Bedeutung ohne erkennbaren Realitätsbezug (zum Beispiel Diagonalbalken für Haltverbot)

- Logogramm ist ein Wortzeichen (Logographie):

  → Symbole, zum Beispiel im wissenschaftlichen, mathematischen und logischem Bereich

  - + - . :

  - > <

  - [männl, weibl.}

  - @

Konzentrieren wir uns im Folgenden überwiegend auf die verbale Kommunikation in einem Dialog zweier Gesprächspartner.

Nach Friedmann Schulz von Thurn kann eine Nachricht bis zu vier Fenster öffnen.

- Fenster des Sachinhaltes

- Fenster des Appells

- Fenster der Beziehung

- Fenster der Selbstoffenbarung

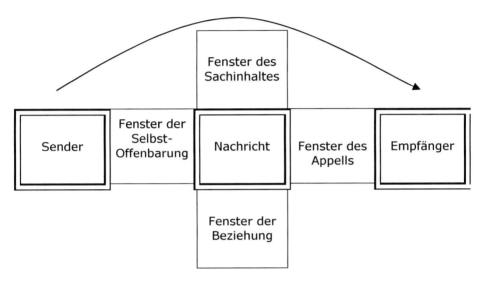

Der Empfängers kann sich zu den vier Fenstern folgende Fragen stellen:

- Fenster des Sachinhaltes: Wie ist der Sachverhalt?

- Fenster des Appells: Was soll ich tun, denken, fühlen?

- Fenster der Beziehung: Wie redet der Sender mit mir? Wen glaubt er/sie vor sich zu haben?

- Fenster der Selbstoffenbarung: Was ist der Sender für einer? Was ist mit ihr/ihm?

### *Alle Menschen müssen sterben*

Beispiel: Nachricht / Aussage eines Redners „Alle Menschen müssen sterben."

Mögliche Deutung dieser Nachricht mit Hilfe der vier Fenster

- Fenster des Sachinhaltes
    - → Als Empfänger höre ich den Sachinhalt:
        - Tatsache ist, dass alle Menschen sterben müssen. Reine Information.
- Fenster des Appells
    - → Als Empfänger höre ich den Appell:
        - „Da alle Menschen sterben müssen, soll ich mein Leben genießen!" Oder:
        - „Ich soll Vorsorge treffen" usw.
- Fenster der Beziehung
    - → Als Empfänger höre ich die Beziehung:
        - „Meint der denn, dass ich dumm bin und das nicht selbst weiß?" Oder:
        - „Will er mir (zum Beispiel bei Trauer) Trost spenden?"
- Fenster der Selbstoffenbarung

→ Als Empfänger höre ich Selbstoffenbarung:

- „Der ist ja total depressiv!" oder

- „Der genießt sein Leben jeden Tag - der fürchtet den Tod nicht (mehr)."

Der Empfänger kann aus der selben Nachricht: „Alle Menschen müssen sterben.", vier verschiedene Bedeutungen heraushören. Dummerweise weiß der Empfänger nicht, welches der vier Fenster der Redner meinte.

Wollte er lediglich das Fenster des Sachinhalts öffnen, also einen Sachinhalt vermitteln, oder wollte er einen Appell geben oder ...?

Nehmen wir an, der Sender will mit Fenster (Sachinhalt) einen Sachinhalt vermitteln, der Empfänger öffnet aber sein Beziehungs-Fenster.

In diesem Falle verstehen beide einander nicht. Professor Paul Watzlawick spricht hier von Interpunktion. Beide Gesprächspartner fühlen sich im Recht.

Da wir die Behauptung aufstellen, dass ‚wahr ist, was der Teilnehmer versteht, und nicht das, was der Sprechende sagt', ist es eindeutig Sache des Redners zu klären, welches Fenster er öffnen will.

Um zu ermitteln, ob der Empfänger den Sender in dessen Sinn verstanden hat, ist eine Rückmeldung an den Sender hilfreich (zum Beispiel ein Feedback). Auf diese Weise kann der Redner erfahren, ob der Teilnehmer ‚synchron' denkt. Durch die weiter oben erwähnte Interaktion ist das im Ansatz umsetzbar.

Es entwickelt sich dann eine Interaktion im Sinne einer echten Kommunikation:

S ➜ E und E ➜ S.

*Unser Schaubild sieht dann so aus:*

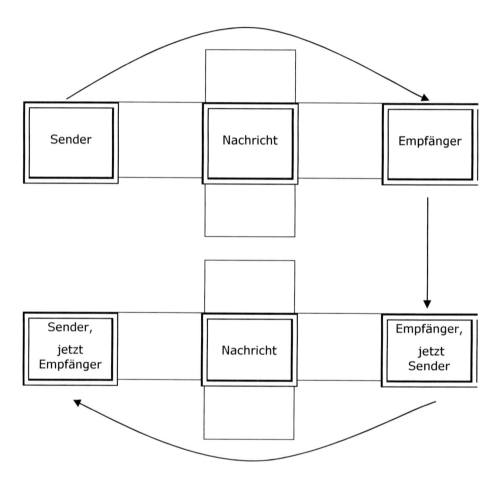

Durch den gegenseitigen Austausch entsteht ein echter Kommunikations-Kreislauf.

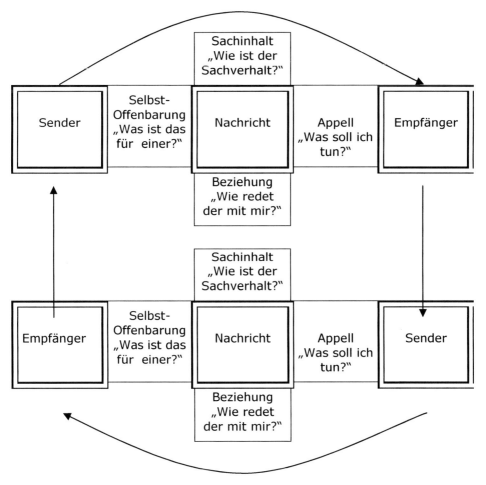

Erschwerend kommt dazu, dass auch die vier Fenster der rückgemeldeten Nachricht angesprochen werden können.

Dies sich vor Augen haltend scheint es fast ein Wunder zu sein, wenn zwei Menschen einander richtig verstehen ...

# Selbstkonzept des Empfängers

*Ich weiß, dass ich weiß, dass ich nichts weiß*

**Sokrates, gr. Philosoph**
**(470 - 399 v. Chr.)**

## Eigene Beeinflussung

Der Empfänger hat ein so genanntes Selbstkonzept, durch das er die gesendete Nachricht (unbewusst) beeinflusst.

Er beeinflusst die empfangene Nachricht und damit sich selbst durch

- das Bild, das der Empfänger vom Sender hat,

- das Mithören einer zweiten Botschaft und durch

- den Effekt der ,sich selbst erfüllenden Prophezeiung'.

- Ich verstehe das, was ich verstehen will.

Eine Nachricht zeichnet sich aus durch:

- den Kontext (Zusammenhang, in dem die Nachricht steht)

- die Art der Formulierung

- die begleitende Körperbewegung (Mimik/Gestik)

- den Tonfall

Da eine Kommunikation auf der sachlichen und emotionalen Ebene verläuft, ist aktives Zuhören von beiden Gesprächspartnern unerlässlich.

Aktives Zuhören bedeutet: Der Redner fühlt sich in die Welt des Senders ein und sieht mit dessen Augen (Empathie = psychische Fähigkeit, sich in den anderen hineinzuversetzen).

Wenn der Redner und die Teilnehmer sich darüber einigen, in welcher Art sie miteinander kommunizieren (Zum Beispiel Wortmeldungen erwünscht, aber Zwischenrufe unerwünscht), reden wir von Metakommunikation.

Metakommunikation bedeutet hier: Kommunikation über Kommunikation, also Sender und Empfänger reden über ihre Kommunikation.

# Kapitel 5 - Aus Wörtern werden Sätze

## *Wort, Worte, Wörter*

*Wer A sagt, muss auch B sagen*

***Redeweise***

## Wortstil

Laut der Weiterbildungsorganisation der UNESCO gibt es in Deutschland etwa 4 Millionen deutsche Erwachsene mit mangelnden Lesekenntnissen bzw. Analphabeten. (General Anzeiger Bonn 07-09-2001)

Andererseits besteht die deutsche Sprache aus 300.000 bis 400.000 Wörtern.

Der Durchschnitts-Deutsche benutzt 12.000 bis 16.000 deutsche Wörter und 3.000 bis 4.000 Fremdwörter, er versteht aber die 4-fache Wortmenge.

Verlernen wir zu sprechen? Hier eine Tabelle, wie sich der Gebrauch der Wörter in den letzten Jahren durchschnittlich wandelte. Waren es 1965 noch durchschnittlich 1756 Wörter, so werden heute im Schnitt vermutlich weniger als 1318 verschiedene Wörter benutzt.

| Wortschatzgebrauch in Deutschland | | | |
|------|----------------|------|--------|
| 1965 | durchschnittlich | 1756 | Wörter |
| 1975 | durchschnittlich | 1672 | Wörter |
| 1985 | durchschnittlich | 1521 | Wörter |
| 1995 | durchschnittlich | 1318 | Wörter |

(Quelle: Gesellschaft für deutsche Sprache. General Anzeiger Bonn, 1999)

Desweiteren scheint es doch sehr interessant zu sein, dass wir mit etwa 2.000 verschiedenen Wörtern bereits 90 % des gesprochenen oder geschriebenen Textes abdecken.

Nur 4.000 Wörter benötigen wir für 95 % des Textes.

Angeblich machen 9 verschiedene Wörter in der englischen Sprache bereits 25 % der benutzten Wörter aus.

Übrigens: Die Süddeutsche Zeitung zitiert am 6. April 2001 das niederländische Algemeen Dagblad: „... , dass er [George W. Bush] sich als Oberbefehlshaber der US-Streitkräfte nicht in texanischer Cowboy-Rhetorik verliert.“

## Die acht Wortarten

Wir können alle Wörter in 8 Wortarten (oder Redeteile) unterteilen:

| Nomen | Präsentation, Vortrag |
|---|---|
| Pronomen | er, sie |
| Adjektive | zwei, gelungen |
| Verben | sprechen, sein |
| Präpositionen | von, zu |
| Konjunktionen | und, wenn |
| Adverbien | oft, nur |
| Interjektionen | ach, ui |

Es fehlen die Artikel (der, die das), die manchmal als separate Wortart genannt werden.

Aber die Sprache besteht nicht nur aus zusammenhanglosen Wörtern. Sie wird beeinflusst durch:

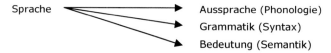

Sprache → Aussprache (Phonologie)
→ Grammatik (Syntax)
→ Bedeutung (Semantik)

## Doch einige Fremdwörtern

- pejorativ =

  → abwertend: z. B. Kanaken

- Kakophonie =

  → Missklang

- Norm =

  → der Gegensatz zu Anomie

- psychedelisch =

  → z. B. durch Rauschmittel erreichtes Glücksgefühl

- forensisch =

  → gerichtlich

- empirisch =

  → Erfahrung durch Erkenntnis

- Antithese =

  → z. B. „Alle sprechen von Rezession - wir nicht!=

- Demagogie =

  → Volksaufwiegelung

- Defätismus =

  → Schwarzseherei

- Defätist =

  → Schwarzseher

- Epitheta =

  → etwas positiv, typisierend, schmückend umschreiben „Erste Dame des Landes", grüne Wiese, blauer Himmel, bei strahlendem Sonnenschein

- Euphemismus =

  → Gutsprechen

  - statt: „Wo ist die Toilette?" (Toilette ist bereits ein Euphemismus, denn es ist eine Umschreibung. Ursprünglich heißt Toilette: Seidentüchlein, mit dem die Person sich erfrischen konnte.)

  - besser: „Wo kann ich mir die Hände waschen?"

- Hermeneutik =

  → Auslegungskunst

- Metapher =

  → z. B. Finanzhai - bildhaft machen

## Humoristische Erzählung

- Apolog =

  → (humoristische) Erzählung

- Apologet =

  → jemand, der eine bestimmte Anschauung mit Nachdruck vertritt und verteidigt

- apologetisch =

  → eine Ansicht verteidigend; rechtfertigend

- apologisieren =

  → verteidigen; rechtfertigen

# Ein Wort - nur Buchstabenhäufung oder Gefühlsbindung?

*Der tote Buchstabe wirkt oft stärker als das lebendige Wort*

**S ren Kierkegaard, dänische Philosoph und Schriftsteller**
**(1813 - 1855)**

## Die affektive Bedeutung eines Wortes

Unter affektiver Bedeutung eines Wortes wird die emotionale Reaktion bezeichnet, die das Wort nach sich zieht.

Der Autor befragte ca. 200 Personen verschiedener Altersgruppen, welchen Geschmacksrichtungen sie folgenden (wahllos) erfundenen Namen für Süßigkeiten zuordnen würden.

Dabei kam heraus (Angaben in Prozent):

|          | süß   | salzig | bitter | sauer |
|----------|-------|--------|--------|-------|
| Bumpies  | 75,57 | 6,82   | 3,41   | 14,20 |
| Checkies | 37,78 | 29,44  | 9,44   | 23,33 |
| Quellies | 47,19 | 11,24  | 9,55   | 32,02 |
| Abaray   | 22,67 | 15,70  | 47,09  | 14,53 |
| Sassos   | 14,12 | 51,18  | 9,41   | 25,29 |

Aus der Tabelle können wir ablesen, dass über 75 % der Befragten dem (erfundenen) Wort ‚Bumpies' die Geschmacksrichtung ‚süß' zuordnete, und 47 % dem Wort ‚Abaray' die Geschmacksrichtung ‚bitter'.

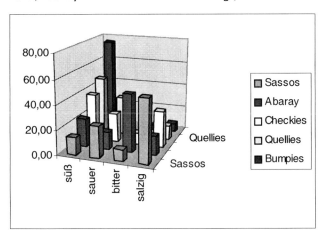

Es ist deutlich abzulesen, dass Wörter beim Menschen bestimmte Gefühle erzeugen.

Weiter wurde gefragt, welchen für welche Lebensmittel (Süßigkeiten) das erfundene Wort stehen könnte. Dabei kam heraus (Auszug):

| | Bumpies | Checkies | Quellies | Abaray | Sassos |
|---|---|---|---|---|---|
| Kaugummi | 20 | 10 | 17 | 3 | |
| Weingummi | 10 | 13 | 28 | 5 | 7 |
| Gummibärchen | 12 | 8 | 11 | | 4 |
| Lakritz | | 4 | 1 | 19 | 26 |
| Bonbons | 28 | 16 | 17 | 10 | 22 |
| Mäusespeck | 4 | | 8 | 1 | |
| Brausetabletten | | 1 | 8 | | |
| Schokolade | 6 | 13 | 1 | 21 | 3 |
| Kekse | 8 | 10 | 1 | 4 | |
| Chips | 7 | 14 | 1 | 2 | 24 |
| Salzstangen | | 3 | 1 | | 11 |
| türkisches Gebäck | | | | 3 | |
| Tacos | | | | | 6 |

## Bedeutungsbeziehungen zwischen Lexemen

Lexem ist die Bezeichnung für die Bedeutung eines Wortes. Im Folgenden wird dargestellt, in welchen Beziehungen Wörter zueinander stehen können.

- Synonymie
    - → ist die Relation der Bedeutungsgleichheit.
        - Haus, Gebäude
    - → Zwei Lexeme können in dem einen Satz synonym sein in dem anderen nicht.
        - „Das Bild ist scharf."
        - „Die Suppe ist scharf."
    - → Das Lexem ‚scharf' hat in beiden Fällen eine unterschiedliche Bedeutung.
- Hyponymie
    - → bezeichnet die Unterordnung unter einen Oberbegriff.
        - Frau ist ein Hyponym zu Mensch.

- Blume ist ein Hyponym zu Pflanze.

- Kohyponyme

  → sind Lexeme eines selben Oberbegriffs.

  - Mann, Frau und Kind haben den selben Oberbegriff: Mensch.

- Antonymie

  → bezeichnet die Relation der Bedeutung des Gegensatzes. Dabei wird zwischen abstufbarer Antonymie, nicht abstufbarer Antonymie und Konversionen unterschieden.

  - abstufbare Antonymie zeigt die Ausprägung einer Eigenschaft

  1. hell - dunkel (sehr hell - sehr dunkel)

  - nicht abstufbare Antonymie bezeichnen komplementäre Begriffe

  1. schwanger - nicht schwanger (etwas schwanger ist nicht möglich, und damit nicht abstufbar.)

  → Konverse Begriffe (Konversionen) sind zweiteilige Gegensätze, die voneinander abhängig sind

  - Frage - Antwort

- Inkompatibilität

  → stellt eine lexikalische Unverträglichkeit dar. Es handelt sich hier um Lexeme, die sich gegenseitig ausschließen

  - Entweder ist die Tür offen oder geschlossen. (Beides gleichzeitig ist nicht möglich).

Übrigens: Eine Quizfrage: Welchen Artikel hat das Wort ‚Plastik'?

## Gruppieren von Lexemen

Lexeme können sich gruppieren. Sie gehen dann Kollokationen ein. Dabei sind sie in drei Vorgehensweisen einteilbar.

- vorhersehbare Weise

  → zum Beispiel ‚Schwein' und ‚quieken'

  - „Ein Schwein ..."

- vielfältig kombinierbare Weise

→ zum Beispiel ‚Rede' und ‚interessant, langweilig, spannend, langatmig, usw.'

- „Eine Rede ist ...“

- nicht vorhersehbar Weise

→ zum Beispiel ‚haben'

- „... hat ...“

## *Lexeme mit gleicher und unterschiedlicher Bedeutung*

Hierbei werden zwei Gruppen gebildet: Polysemie und Homonymie.

- Polysemie bedeutet, dass ein Lexem mehrere Bedeutungen hat

→ zum Beispiel ‚scharf' (Hund, Messerschneide, Essen, Gewürz, Bild, ‚Mädchen')

- Homonymie bedeutet, dass verschiedene Lexeme (gleicher Schreibweise) verschiedene Bedeutung haben

→ zum Beispiel ‚Nagel' (einmal der Metallstift, und einmal der Fingernagel)

Übrigens: eine lexikalische Beziehung liegt vor, wenn zwei Lexeme in Beziehung zueinander treten.

- „Die <u>Sätze</u> waren gekonnt geformt. Besonders die einzelnen <u>Wörter</u> gefielen ihm.“

## *Laterales Denken*

- laterales Denken ist ein Denken, das alle (auch unorthodoxe) Seiten eines Problems einzuschließen sucht.

→ unilateral = einseitig betrachtet

→ bilateral = zweiseitig betrachtet; von zwei Seiten ausgehend (zum Beispiel die Sicht der Partner betrachtend)

→ trilateral = dreiseitig betrachtet

# Unwörter

*Streichen Sie das Wort ‚eigentlich‘, sonst sagt wieder einer,*
*ich würde mir ein Hintertürchen offen lassen*

**Roman Herzog, dt. Präsident**
**(* 1934)**

## ‚eigentlich‘ heißt ‚eigentlich nicht‘

Natürlich ist kein Wort ‚schlecht‘ oder ‚gut‘. Allerdings beeinflussen (verständlicherweise) Wörter den Zuhörer. Manche Wörter werden als ‚ungut‘ abgelegt (zum Beispiel das Wort Körpergeruch), andere Wörter erzeugen eher einen angenehmen Effekt (wie das Wort Duft). Vergleichen Sie hierzu die Ausführungen zur affektiven Bedeutung eines Wortes.

### Die ‚bösen‘ Unwörter

Bezeichnen wir im Folgenden einige Wörter, die in einer Präsentation nicht unbedingt etwas zu suchen haben, als Unwörter. Zu diesen zählen:

- man/frau

    → „Man weiß ja, wie schwierig es ist, ...“

    - Wer ist man? Wird hier für die Anonymität gesprochen?

    → Besser: „Der Betroffene ...“ oder „Ich ...“ oder „Die Kölner ...“

- sollte/könnte/müsste

    → „Sie sollten was tun.“

    - Sollten heißt nicht, dass der Betroffene es wirklich tun wird. Die anscheinend höfliche Form soll niemandem weh tun. Sie ist im Dialog aber nicht unbedingt im Sinne der Zielorientierung förderlich.

    → Besser „Erledigen Sie bitte.“

- eigentlich

  → „Eigentlich finde ich das gut."

    - Aber nur eigentlich. ‚Eigentlich' bedeutet ‚eigentlich nicht'. Das Wort ‚eigentlich' stellt eine Einschränkung dar, lässt also dem Sprecher noch ein Hintertürchen offen. In den meisten Fällen kann das Wort ‚eigentlich' ersatzlos gestrichen werden.

  → Besser: „Ich finde das gut." Ausnahme zum Wort: ‚Im eigentlichen Sinne'.

- halt

  → „Schauen Sie halt mal nach."

    - Weswegen halt?

  → Besser: „Schauen Sie bitte nach".

- eben/eben mal

  → „Betrachten Sie sich eben mal die Unterlagen."

    - Eben mal scheint eine kurze Zeitspanne zu signalisieren. Es wird demnach nicht viel Zeit in Anspruch nehmen, in die Unterlagen zu sehen.

  → Besser: „Betrachten Sie sich bitte jetzt die Unterlagen".

- irgendwie/irgendwann/irgendwo und vergleichbare Wörter

  → „Irgendwie erscheint mir das komisch."

  → Besser: „Mir erscheint das komisch".

- also/so

  → „Also lassen Sie uns weiterfahren."

    - Das Wort ‚also' zu Beginn eines Satzes scheint einen logischen Aufbau im Dialog fortzuführen. Tatsächlich lässt sich meistens der Satz im selben Sinne ohne dieses Wort bilden.

  → Besser: „Lassen Sie uns fortfahren."

Übrigens: In Deutschland wurde 1972 das Wort ‚Fräulein' auf ministeriellen Anlass hin abgeschafft.

# Kraft der Wörter

*Manche deutschen Wörter sind so lang, dass sie perspektivisch wirken.*
*Es sind keine Wörter, es sind alphabetische Prozessionen*

**Mark Twain [Samuel Langhorne Clemens], US-Erzähler**
**(1835 - 1910)**

## Deutsch ist nicht gleich Deutsch

„Deutsch ist nicht der Name einer Rasse, sondern einer Sprache. Und die konnte man schon immer lernen, egal woher man kam. Deutsch kommt von diot, das Volk, und bezeichnet die Volkssprache. Weil hier „das gemeine Volk" die romanischen Sprachen nicht verstand, redete es von den „Welschen", die Kauderwelsch sprechen."

(Zitiert aus ‚Der Spiegel 4/2002 Seite 133')

### Wenn möglich zu vermeiden

Eine gute Gesprächsrunde hat es nicht nötig, auf bestimmte Wörter oder Laute zurückzugreifen. Vermeiden Sie deswegen:

- Vulgärdeutsch

  → mit den Händen fuchteln, daherquatschen, logo, dufte, echt?

- Schwammwörter

  → Ding, Sache, nett, schön, im Prinzip, im Grunde, eventuell

- überholte Wörter

  → Gemahlin, gestatten, entzückend ...

- Abkürzungen. Ausnahmen sind Akronyme wie:

  → EU, USA, NATO usw.

- Fremdwörter

  → Falls sie genutzt werden, sofort erläutern!

- Verlegenheitswörter

  → wissen Sie, und so, natürlich, also, tja, nicht wahr*

  → * Ausnahme in der Suggestivfrage

- Anglizismen, zumindest nur bewusst einsetzen

- → Kids, Service-point
- Verlegenheitslaute
  - → ah, öh, ähm
- Jugendsprache
  - → raffen statt begreifen
  - → Gesülze statt dummes Gerede
  - → Glotze statt Fernsehgerät
- Beleidigende Aussagen
  - → Beleidigungen gegenüber Polizisten und Politessen, lt. der Süddeutschen Zeitung (Quelle: Süddeutsche Zeitung 4./5. Mai 2002) kosten in Euro:
    - du Schlampe 2.000 €
    - Wichtelmann 1.000 €
    - blöde Kuh 600 €
    - Depp 250 €
- Auch nonverbale Beleidigungen schlagen aufs Taschengeld:
  - → Vogel zeigen 1.000 €
  - → ‚Stinke'-Finger 4.000 € (gestreckter Mittelfinger)

### Wenn möglich einzusetzen

Gestalten Sie Ihre Sprache lebendig. Benutzen Sie deshalb:

- Wenig Hauptwörter, aber viele Verben.
- Nicht: „Die Erledigung". Besser: „Ich erledige". (Außer „ich versuche", denn das stellt nur einen ‚Versuch' dar, und zeigt keine Umsetzung im Sinne der Zielorientierung.)
- Viele Eigenschaftswörter.
- Nicht: „Die Frau". Besser: „Die gut aussehende, verschmitzt lächelnde Frau".

# Von Buchstaben zur Schrift

*Lebe wohl - du fühlst nicht, was es heißt, dies Wort der Schmerzen ...*

**Eduard Mörike, dt. Erzähler, Lyriker und Dichter**
**(1804 - 1875)**

## Formen der Handschrift

Haben wir uns nicht manchmal darüber geärgert, weshalb wir mal große, mal kleine Buchstaben benutzen? Hier ein ganz kurzer Ausflug zu den Formen der Handschrift (Chirographie).

| Majuskel | zwischen 2 Linien Zweizeilenschema | Großbuchstaben | ABCD | Griechenland: ab 3. Jh. v. Chr. Rom: ab 1. Jh. n. Chr. |
|---|---|---|---|---|
| Minuskel | zwischen 4 Linien Vierzeilenschema | Kleinbuchstaben | abcd | Griechenland: ab 7. / 8. Jh. n. Chr. |
| Karolingische Minuskel | Duales Alphabet | Kombination aus Majuskeln und Minuskeln | | Nach Karl dem Großen (742 -814) |

Wörter nur in Großbuchstaben geschrieben sind ‚VERSALIEN'.

Die Schreibweise in dieser Art wird mit ‚KAPITÄLCHEN' bezeichnet.

Und in der Darstellungsweise werden verschiedene graphische Gegensätze unterschieden. Dazu zählen:

- Kursivdruck

- Fettdruck

- Farbe

- sonstige Hervorhebung

### Und dann wieder Abkürzungen

Es könnte der Eindruck entstehen, dass wir es bei der Schrift so einfach wie möglich gestalten wollen. Jeder Buchstabe, der geschrieben werden muss, kostet Zeit. Also demnach: abkürzen?

- Suspension

→ bedeutet das Ersetzen von Buchstaben am Wortende durch Punkt oder andere Satzeichen.

- ‚abw.' anstelle ‚abwesend'

- Kontraktion

→ ist das Auslassen von Buchstaben innerhalb eines Wortes.

- gehen = gehn

- Kurzschriftzeichen

→ ist ein Symbol, dass ein Wort darstellt.

- † = gestorben

## *Ausdrucksweise / Lokution*

- perlokutionärer Akt =

→ der Sprechakt im Hinblick auf die Konsequenz der Aussagen (zum Beispiel die Wirkung auf Gefühle, Gedanken und Handlungen des Hörers.) Hat Konsequenz für den Hörer.

- lokutionärer Akt =

→ der Sprechakt im Hinblick auf Artikulation, Konstruktion und Logik der Aussage

- illokutionärer Akt =

→ der Sprechakt im Hinblick auf seine kommunikative Funktion (zum Beispiel Appell, Frage usw.)

## *Es scheint so*

- scheinbar (nur dem Schein nach, also NEIN)

→ Er hörte scheinbar zu.

- anscheinend (offenbar, also JA)

→ Er hörte anscheinend zu.

# Der gesprochene Satz

## Satzstil

*Ein guter Aphorismus ist die Weisheit eines ganzen Buches in einem einzigen Satz*

**Theodor Fontane, dt. Erzähler
(1819 - 1898)**

## Aus Wörtern werden Sätze

Jedes einzelne Wort beeinflusst die Aussage unserer Sätze. Wie sollte der Satzstil sein?

- flüssig

- im Plauderton

- kurz (durchschnittlich 7 Wörter)

- Aktivsätze (besser als Passivsätze)

- neuer Gedanke - neuer Satz - nur Makroblock (den Punkt ‚mitdenken')

Vermeiden Sie:

- Schachtelsätze

- Satzbrüche (Anakoluthe)

Übrigens: Es ist heute weniger tragisch sich zu versprechen, als Satzgebilde aufzubauen, denen kaum einer folgen kann.

### Kontrafaktischer Konditionalsatz

Ein kontrafaktischer Konditionalsatz ist ein Konditionalsatz, der immer wahr ist, weil er von einer falschen Prämisse ausgeht. Eine Prämisse ist ein Vordersatz / Voraussetzung eines logischen Schlusses.

„Wäre ich damals nicht zufällig im Saal gewesen, dann hätte ich heute nicht ..."

Rhetorisch gesehen ist solch ein Satz nur dann sinnvoll, wenn wir auf einer Annahme eine folgende Diskussion oder Präsentation aufbauen wollen. Gleichzeitig wird vermieden, dass die Richtigkeit der Annahme bezweifelt wird.

„Nehmen wir mal an, die Erde sei rund. Dann ..."

Konditionalsätze sind immer wahr, weil sie von einer falschen Prämisse (Vorbedingung) ausgehen.

## *Irreleitende Sätze*

Von fleischfressenden Pflanzen mögen wir schon einmal gehört haben. Aber dass das Kleeblatt dazugehört, scheint eine neu Erkenntnis zu sein.

„Ein Kleeblatt, das ein Rüsseltier frisst.“

Und so ist es besser zu schreiben:

„Ein Rüsseltier, das ein Kleeblatt frisst.“

Und noch ein Beispiel:

„Eine Orange, die die Frau isst.“

Übrigens: Wie gefällt Ihnen dieser Widerspruch?:

„Die einzige Wahrheit, die es gibt ist die, dass es keine Wahrheit gibt.“

## *Die Phrasen*

„Der sehr junge Redner legte korrekt die Folie auf.“

In diesem Satz sind drei Phrasen zu erkennen:

- Verbalphrase

  → legte korrekt

- Nominalphrase

  → die Folie

- Adjektivphrase

  → sehr junge

## *Elliptische Sätze*

Elliptische Sätze sind verkürzte (Antwort-) Sätze. Zum Beispiel:

„Wo gehst du hin“

„In die Stadt“

# Interaktive Kommunikation

*Wenn Sie sich fragen,*
*können Sie das doch vor dem Rasierspiegel machen*

**Herbert Wehner, dt. Politiker**
**(1906 - 1990)**

## Klärung von verbalen Äußerungen

Immer unterstellt, dass wir uns in jeglicher Kommunikation positiv mit unseren Gesprächspartner auseinander setzen wollen, können Sie durch die gewählten Wörter bzw. die konstruierten Sätze, Rückschlüsse auf die Gedankenwelt Ihres Gegenübers schließen. Allerdings lassen sich die eigenen Formulierungen genauso durchleuchten.

In der interaktiven Kommunikation soll Klärung herbeigeführt werden. Deshalb ‚klären' wir im Folgenden:

Klären der Bedeutung einzelner Wörter

- Sprechen Sie häufig in Substantiven, dann haben Sie aus einem Prozess einen Zustand gemacht.

  → Zum Beispiel: „Ich habe veranlasst." Klärung: Fragen Sie sich selbst: „Was genau habe ich geklärt, bzw. was kläre ich?"

  → Als Prozess bezeichnen wir eine Bewegung, eine fortschreitende oder aufbauende Vorgehensweise. Der Zustand hingegen zeigt vielmehr den stillstehenden IST-Zustand. In diesem Falle scheint es schwierig zu sein, zielorientiert zu arbeiten. Finde ich mich mit einem Zustand ab, dann erkenne ich nicht unbedingt den Bedarf, etwas zu ändern bzw. anzupassen. Ganz typische Wörter sind solche, die auf ‚...ung' enden, wie:

    - Bedeutung

    - Zusendung

    - Lieferung

    - Klärung

    - u.v.a.

- Verben hingegen scheinen klar auszudrücken, was gemeint ist:

  → Zum Beispiel:

    - schlafen, träumen, fliegen, schwimmen, stehen usw.

→ Bei genauerer Betrachtung müssen wir aber erkennen, dass ein Verb nicht eindeutig sein muss:

- verhandeln, reisen, speisen, essen, usw.

→ Sicherlich haben wir eine Vorstellung davon, was wir unter ‚reisen' verstehen. Aber eben nur eine Vorstellung. Deshalb kann die eigene Vorstellung sehr deutlich von der Vorstellung des Gesprächspartners abweichen. Missverständnisse sind fast schon vorprogrammiert.

→ Klären Sie die Bedeutung von Verben.

- Zum Beispiel: „Ich kläre das." Fragen Sie sich selbst: „Was genau will ich klären (bis wann, mit wem, wo, weshalb usw.?)"

• Klären Sie Eigenschaftswörter.

→ Was bedeutet für Sie: schön, nett, groß, teuer, ...? Sind 5 Euro viel oder wenig? Für ein Brötchen beim Bäcker ganz sicher viel, für eine Luxus-Limousine ohne Zweifel recht wenig. Ein in Ihren Augen schönes Kleidungsstück, wirkt auf einen anderen möglicherweise ausgefallen hässlich.

- Zum Beispiel: „Das war ein toller Abschluss." Fragen Sie sich selbst, wie Sie (und Ihr Gegenüber) das Wort ‚toll' definieren.

• Klären Sie bei Steigerungsformen (den Komparativen mehr, größer, breiter, besser etc.)

→ Zum Beispiel: „Sie müssen mir einfach ein besseres Angebot unterbreiten." Klären sie: „Besser als was?"

→ Immer weiter, größer, höher, schneller scheint die Devise unserer Gesellschaft zu sein. Was aber verstehen wir unter ‚weiter'. Nun, offensichtlich weiter als bisher. Was bedeutet das aber genau?

→ Zum Beispiel: „Ich finde das Angebot einfach zu teuer." Fragen Sie sich, was Sie unter ‚teuer' und ‚zu teuer' verstehen.

- „Teurer als was?" oder

- „Teurer im Vergleich wozu?"

• Klären Sie Auslassungen

→ Sprechen wir nicht manchmal in Rätseln? „Er hat gesagt." Wer ist ‚er'? Wann hat ‚er' gesagt. Nur durch die Kombinationsfähigkeit des Gehirns unseres Gesprächspartners schafft dieser es (meist), sinnvoll zu ergänzen. ‚Er' ist der Vorgesetzte Mertens. ‚Er' hat gestern im Meeting gesagt. Wenn das Gehirn unseres Gegenübers allerdings anders (aus unserer Sicht ‚falsch' kombiniert), ist die Kommunikation gehemmt bis gestört.

→ Zum Beispiel: „Das habe ich mitgeteilt." Fragen Sie sich: „Wem habe ich etwas mitgeteilt, wann, wie und weshalb?"

- Klären Sie Verallgemeinerungen, Generalisierungen.

    → Verallgemeinerungen stimmen meistens nicht!

    - „Ich bin immer so müde." Wirklich immer? Tag und Nacht? Jede Minute des Lebens? Kaum anzunehmen, oder?

    - „Jeder hat schon mal ..." Wirklich jeder? Jeder Ureinwohner einer Pazifikinsel, jeder Eskimo in Grönland, jedes Baby und jeder Senior? Sehr fraglich, oder?

    - „Telefoniere nie mit deinem Mobiltelefon in der Kirche." Wirklich nie? Was tun bei einem Unfall oder einer Katastrophe, wenn Sie einen Notarzt rufen wollen ...? An den Haaren herbeigezogen, oder?

    → Zum Beispiel: „Ich habe noch nie einen guten Vorschlag von Ihnen gehört." Fragen Sie: „Wirklich noch nie?"

    - Was macht aus meiner Sicht ein guter Vorschlag aus?

    - Weiß Ihr Gesprächspartner, was Sie unter einem guten Vorschlag verstehen?

    - Weiß er, dass Sie einen solchen erwarten?

Betrachten wir uns im zweiten Schritt die komplexe (komplex = umfassend, zusammengefasst) Gesprächssituation. Um möglichst immer auf dem gleichen oder besser noch auf dem selben gedanklichen Weg zu bleiben, klären die Gesprächspartner immer wieder den IST-Stand des Dialogs.

- Klärung durch Wiederholen und Zusammenfassen.

    → Fragen / sagen Sie:

    - „Ich habe bisher Folgendes verstanden"

    - „Habe ich richtig verstanden, dass ..."

    - „Meinen Sie damit, dass ..."

    - „Interpretiere ich das richtig, dass ..."

- „Ich fasse einmal zusammen. Sagen Sie mir, bitte, ob ich Sie richtig verstanden habe."

→ Sollte der Gesprächspartner anders gedacht, anders kombiniert haben, besteht jetzt die Möglichkeit, Missverständnisse gleich in der Phase der Entstehung auszuräumen.

## *Deutsche Sprache - schwere Sprache*

(Quelle: Spiegel, 38/16.09.2002):

Berlin, 20. Januar 2002. Edmund Stoiber ist Gast in der Fernsehsendung ,Sabine Christiansen'. Zu besichtigen ist ein Mann, der Hilfe braucht.

Einmal sagte er Folgendes: „Das heißt also Absenkung des Nach ..., des, des, des, des, des, na, des, des Alters, des Alters der Kinder, wenn sie, des Nachzugalters; dann kommt der fünfte Punkt, und der sechste Punkt kommt dann sicherlich die Fragen gleichge ..., äh, nicht gleichgeschle ..., sondern, äh, ob ich auch, äh, äh, Asylgründe schaffe außerhalb der politischen und der rassistischen Verfolgung, also auch Gründe, äh, wenn aus, wenn, wenn andere Gründe sozusagen also aus dem Geschlecht oder Ähnlichem, äh, stattfinden, also wenn Frauen, die irgendwie wegen ihres Frauseins irgendwo verfolgt werden."

# Verallgemeinerung

*Alle Tier sind gleich, aber einige Tiere sind gleicher als andere*

**George Orwell, brit. Schriftsteller**
**(1903 - 1950)**

## „Jeder hat schon mal ...“

Wirklich jeder? Hat tatsächlich ein jeder Mensch auf dieser Erde ...?

„Na ja", mögen Sie sagen. „Natürlich nicht jeder - aber fast jeder."

Dann erwidere ich: „Weshalb sagen wir nicht gleich fast jeder?"

Bei Verallgemeinerungen laufen Sie Gefahr, dass Ihre Aussagen auf einen Ihrer Gesprächspartner nicht zutrifft. Diese Person fühlt sich möglicherweise ungerecht oder gar falsch behandelt. Vielleicht auch unverstanden oder übergangen. Oder sogar persönlich angegriffen. Wollen Sie das?

Weshalb dann das Risiko eingehen, einen ‚Gegner' zu haben? Abgesehen davon treffen die meisten Verallgemeinerungen eh nicht voll zu:

- „Jeder Deutsche lernt in der Schule Englisch."

- „Jeder Kölner liebt seinen Dom."

- „Alle Autofahrer sind rücksichtslos im Straßenverkehr."

- „Ich stehe immer um 7:00 Uhr morgens auf."

- „Kein Mensch spricht chinesisch."

- „Ich nehme nie Medikamente."

- „Das würde ich niemals tun."

- „Niemand würde sich so verhalten."

Sie vermeiden mögliche Unannehmlichkeiten dadurch, dass Sie die Verallgemeinerungen mit einem einschränkenden Wort entschärfen:

- „Fast alle von uns haben ..."

- „Kaum einer würde ..."

- „Fast immer (sehr häufig) ..."

- „So gut wie kein Mensch ..."

Sollte Ihre Aussage auf einen der Gesprächspartner nicht zutreffen, so wird dieser sich kaum persönlich angegriffen fühlen. Denn er könnte ja gerade derjenige sein, der nicht unter <u>fast alle</u> fällt.

# Was die Sprache verrät

## *Die Sprache ist die Quelle der Missverständnisse*

*Die Sprache ist der große Kanal, durch den die Menschen einander Ihre Entdeckungen, Folgerungen und Erkenntnisse vermitteln*

**John Locke, brit. Philosoph**
**(1632 - 1704)**

### Tautologie - Wortverdopplungen

„Die Sprache ist die Quelle der Missverständnisse" meinte bereits Antoine de Saint-Exupéry. Schon weiter vorn im Buch wurde im Kapitel Kommunikation deutlich dargestellt, wie sich Missverständnisse ergeben können.

Aber auch bei der Benutzung von Wörtern ergeben sich manchmal lustige oder unnütze Kombinationen. Dazu zählen die Tautologien.

Unter Tautologien bzw. Pleonasmen, verstehen wir Aussagen, die sich mit ihren Wörtern verdoppeln. Beispiel: ein weißer Schimmel. Ein Schimmel (also das Pferd), ist sowieso weiß. Deshalb ist es nicht nötig, bzw. sogar unnötig, das Eigenschaftswort ‚weiß' dazuzufügen.

- alter Greis
- aus (dem Raum) hinaus / in … hinein
- aus und vorbei
- auseinander dividieren
- dazu addieren
- ein einziger
- falscher Irrtum
- Fernseh gucken
- großer Riese
- ich persönlich
- kaltes Eis
- karierter Schottenrock
- kleines Zwerglein

- leises Flüstern
- letztendlich
- messerscharfer Schnitt
- neu eröffnen [er = neu]
- neu renovieren [nov = neu]
- riesig groß
- schlicht und einfach
- schwarzer Rappe
- sich einander gegenseitig
- tiefe Kluft
- weißer Schimmel
- wieder von neuem
- zurück reduzieren
- zwei Zwillinge

Manche Tautologien sind etwas schwieriger als solche zu entlarven:

- bereits schon
- Eigeninitiative
- frühzeitig
- furchtbare Katastrophe
- gemeinsame Teamarbeit
- kontrovers diskutieren

- neuer Anfang
- Rück-Antwort
- Rück-Vergütung
- schwere Verwüstung
- Stillschweigen

Tautologie ist die Häufung sinngleicher Wörter oder sogar die mehrfache, oft umständliche Umschreibung eines Sachverhaltes in Ermangelung des betreffenden Ausdrucks.

Medizinisch gesehen kann Tautologie auftreten bei einer Sprachstörung infolge einer Schädigung im Sprachzentrum des Gehirns (Aphasie).

## Sprachklischees

Unter Sprachklischees verstehen wir Wortverbindungen mit hohem Bekanntheitsgrad.

- bettelarm
- bierernst
- bildschön
- bitterkalt
- blutrot
- brottrocken
- elendslang
- goldrichtig
- himmelhoch
- hundemüde
- hundsgemein
- mausetot
- potthässlich

- saublöd
- saukalt
- schweineteuer
- spiegelglatt
- splitternackt
- steinreich
- stinkfaul
- stinkwütend
- stockfinster
- strohdumm
- taubengrau
- todschick

## Nicht mögliche Wörter?

Wie gefallen Ihnen diese häufig genutzten, und doch nicht sinnvollen Wörter?

- Un-Mengen
- Un-Kosten
- Un-Kraut

- Un-Tier
- Un-Wetter

## Nicht steigerbare Adjektive

Auch hier wird häufig falsch gesteigert. ‚Eindeutiger' gibt es nicht, denn ‚eindeutig' ist bereits ‚eindeutig'.

- arbeitslos
- durchsichtig
- eindeutig
- einzig
- eisern
- ideal
- jährlich

- letzter (allerletzter)
- quadratisch
- schwarz
- stressfrei
- tot (mausetot)
- wolkenlos (absolut wolkenlos)

## Irritierende Auflistung

- Talsohle, Talfahrt, Talkrunde

- Baugenehmigung, Bauerlaubnis, Bauernhöfe

- Druckerzeugnis: Druck-Erzeugnis, Drucker-Zeugnis

## Verneinungen

- schön

- unschön (Verneinung)

- nicht unschön (doppelte Verneinung)

- keinesfalls nicht unschön (dreifache Verneinung)

## Die Wertung des Wortes ‚erst'

Und damit haben die Möglichkeit, wie Sie mit dem bewussten Einsatz scheinbar gleicher Wörter einen unterschiedlichen Sinn erzielen können.

- erst entspricht zuerst

- erst entspricht erst jetzt?, also = später

- fast 1000 entspricht positiv viel

- knapp 1000 entspricht negativ, noch nicht mal

- annähernd 1000 entspricht ausgeglichen

- nur entspricht wenig

## Negation des Gegenteils

- nicht viel = wenig

## Alliteration - Wollen Waschbären Wolle waschen? Ein Besuch bei Wilma und Werner Wörner.

Versuchen Sie doch einmal, in einen Text jedes Wort immer mit dem selben Buchstaben beginnen zu lassen (Alliteration). Ein kleiner Stabreim, der in Zeitungsartikeln immer wieder zu finden ist. Hier etwas übertrieben dargestellt:

Wilma Wolter: Willkommen, Werner!

Werner Wörner: Wow, Wilma, wie war's Wochenende?

Wilma Wolter: Wunderbar.

Werner Wörner: Wissen wir, warum Waschbären Wolle waschen wollen?

Wilma Wolter: Wieso wollen Waschbären Wolle waschen?

Werner Wörner. Wissen wir warum?

Wilma Wolter: Weil Waschbären wie wundersame Wesen wirken?

Werner Wörner: Weiße, wachsame Waschbären?

Wilma Wolter: Wahrhaftig! Wie waschen wachsame Waschbären wuschelige weiße Wolle?

Werner Wörner: Wirkungsvoll!

Wilma Wolter: Werner, woher wissen Wesen, wo Wolle wächst?

Werner Wörner: Womöglich wird's weitergesagt, Wilma.

Wilma Wolter: Wird Wolle wirklich weiß?

Werner Wörner: Wahrscheinlich.

Wilma Wolter: Wunderbare Welt, wirklichkeitsfremder Waschbären.

Werner Wörner: Wiedersehen, Wilma.

Wilma Wolter: Wunderschönes Wochenende, Werner.

Werner Wörner: Warte, Wilma: wer weiß, wo Wuppertaler Waschfrauen weiße Wäsche waschen?

Wilma Wolter: Walter wusste, wo West-Wuppertaler Waschfrauen wieder wundervolle windelweiche weiße Wäsche wuschen.

# Was die Sprache verrät

*Einfach denken ist eine Gabe Gottes.*
*Einfach denken und reden ist eine doppelte Gabe Gottes*

**Konrad Adenauer, dt. Bundeskanzler**
**(1876 - 1967)**

## Was die Sprache beschreibt - Psyche und Körper

Wir können unsere Aussagen analysieren. Manche Aussagen lassen Rückschlüsse auf den körperlichen Zustand des Sagenden zu. Das wird dann interessant, wenn dadurch eine mögliche medizinische Auswirkung erfolgen kann. Einige Beispiele, die nur als Auszug dienen sollen, sicherlich medizinisch nicht umfassend sind, und auch nur als Hinweis dienen sollen:

| Aussage | Sinn | Auslöser | mögliche Folge | Lösungsweg |
|---|---|---|---|---|
| ... ich könnte aus der Haut fahren | kinästhetisch | kann peinlichen Situationen oder Konflikten nicht aus dem Weg gehen | Ekzeme, Schuppenflechte | Sicherheit, Hilfe-Stellungen geben, Normen folgen |
| ... ich kann es einfach nicht mehr hören | auditiv | ist verletzt durch Worte, hört eine Sache wieder und wieder | Tinnitus, Hörsturz | „das meint er doch gar nicht so" |
| ... das finde ich zum Kotzen | kinästhetisch | hat Ärger, Stress | Magen-schmerzen, Durchfall, Magengeschwür | Anti-Stress |
| ... da bleibt mir die Luft weg | auditiv | Überbleibsel einer gestörten Kommunikation während der Kindheit | Asthma | Therapie |
| ... immer wird alles auf mir abgeladen | kinästhetisch | trägt große Verantwortung, Überforderung | Nacken-, Schulter-schmerzen, Bandscheiben-vorfall | lernen, ‚nein' sagen zu können. Arbeiten im Team, Aufgaben delegieren, Massage, Gymnastik |
| ... das zwingt mich in die Knie | kinästhetisch | spürt ständige Überforderung | Hüftprobleme, Knieprobleme, Bandscheiben-vorfall | Anti-Stress |

| ... das hab ich mir zu Herzen genommen | kinästhetisch | zum Beispiel bei Liebeskummer, Kritik an der Person, Sorgen, Probleme | Herz-Rhythmus-Störung, Herzrasen | Das eigene Selbst-bewusst-sein stärken |
|---|---|---|---|---|
| ... das stinkt mir | olfaktorisch | länger andauernde oder wiederholte persönliche Beeinträchtigung | Würgreiz | Übungen zum Thema Anti-Stress umsetzen |
| ... ich kann den Typ nicht riechen ... | olfaktorisch | Umgang mit unsympathisch oder ungepflegt wirkendem Gegenüber | Juckreiz, Niesen, Nasentropfen, Würgen | Kommunikation mit Gegenüber suchen |
| ... das schmeckt mir gar nicht ... | gustatorisch | bevorstehende, voraussichtlich unangenehme Situation | Appetitlosigkeit | Gefahr der Resignation, deshalb Situation angehen und lösen |
| ... ich kann's nicht mehr mit ansehen | visuell | wiederholt negativ wirkendes Verhalten anderer | Bluthochdruck, Schweiß-Ausbrüche, Augen verdrehen, abwenden | Kommunikation mit Gegenüber suchen |
| ... ich kann's nicht fassen | kinästhetisch | außerordentliches Erlebnis | Schock, Apathie | langsames Heranführen an diese oder ähnliche Situationen |

| Dabei bedeuten die Begriffe: | |
|---|---|
| kinästhetisch | die Fähigkeit der unbewussten Steuerung von Körperbewegungen betreffend |
| olfaktorisch | den Geruchssinn betreffend |
| gustatorisch | den Geschmackssinn betreffend |
| visuell | das Sehen betreffend |
| auditiv | das Hören betreffend |
| audiovisuell | zugleich hör- und sichtbar, gleichzeitig das Hören und Sehen ansprechen |

Übrigens: Blass vor Neid werden, was bedeutet das?

Lösung: Bei Neid verengen sich die Blutgefäße, die Haut wird blass.

Grüne oder gelbe Haut zeigt, der antiken Temperamentenlehre nach, ein Gallenleiden an.

(Roter Blutfarbstoff wird zu gelbem und grünem Gallenfarbstoff abgebaut.)

Wir könnten sagen, dass eine Art seelischer Vergiftung bei neidischen Menschen vorliegt.

## Kannibalismus in der Sprache?

- „Leih' mir dein Ohr."

- „Ich mach dir Beine."

- „Schenk mir dein Herz."

- „Darf ich um Ihre Hand bitten?"

- „Ein Auge auf jemanden werfen."

## Reden, sagen, sprechen

Unsere Sprache ist sehr vielfältig. Versuchen Sie, zu häufig benutzten Wörtern Synonyme (sinnverwandte Wörter) zu finden. Oder auch Wörter, die - je nach Aussage des Satzes - eine ähnliche oder verstärkende Wirkung haben. Ihre Präsentation wird bildhafter und deutlicher - und vor allem abwechslungsreicher.

Beispiel:

| sagen | annehmen, ansagen, antworten, bedeuten, befragen, behaupten, belehren, bemerken, betonen, beurteilen, beweisen, denken, einwerfen, entgegnen, erachten, erwidern, finden, glauben, heißen, informieren, kommentieren, meinen, plädieren, präsentieren, predigen, reden, referieren, rezitieren (künstlerisch vortragen), schildern, sprechen, urteilen, überzeugen, vermuten, vertreten, vortragen, wissen lassen |
|---|---|

### Ehrlich gesagt

Und damit sind diese Einleitungen zu überdenken:

- „Ehrlich gesagt ...“
- „Ich möchte sagen ...“
- „Ohne Umschweife gesagt ...“
- „Ich würde sagen ...“
- „Ich würde denken ...“
- „Also, wenn ich ganz ehrlich bin ...“

# Das Spiel mit der Stimme

*Unter Stil verstehe ich die Fähigkeit,*
*komplizierte Dinge einfach zu sagen - nicht umgekehrt*

**Jean Cocteau, frz. Schriftsteller**
**(1889 - 1963)**

## Beeinflussung durch die Stimme - Suprasegmentale Merkmale

Durch folgende Variationen können Sie Ihre Aussprache beeinflussen und damit die Aufmerksamkeit der Gesprächspartner beeinflussen:

- durch die Tonhöhe,

- wobei steigende Tonhöhe eine Frage nachzieht, und

- fallende Tonhöhe eine Aussage meint.

- durch die Lautstärke, also die Betonung,

- durch das Sprechtempo,

- wobei schnell gesprochen eine Dringlichkeit zeigt, und

- langsam gesprochen eher überlegend und betonend wirkt.

Tonhöhe, Lautstärke und Sprechtempo ergeben den Sprechrhythmus der gesprochenen Sprache.

Laut Dyckhoff / Westerhausen (Power Research Seminare, Bonn, 1999), löst unsere Stimme beim Zuhörer folgende Reaktionen aus:

- Beschleunigtes Sprechen mit rigidem Rhythmus:

   → Das bewirkt beim Gesprächspartner Erhöhung des Blutdruckes, Beschleunigung von Atem- und Pulsfrequenz.

   ▪ Der Gesprächspartner ist anfangs aufmerksam, aber nach einer Weile wird er unter Umständen aggressiv.

- Große Dynamik in der Stimme:

   → Vermehrtes Auftreten rythmischer Kontraktionen der Skelettmuskulatur.

   ▪ Der Gesprächspartner hört aufmerksam zu.

- Scharfe Artikulation:

  → Erweiterte Pupillen.

    - Der Gesprächspartner ist gespannt und aufmerksam.

- Starker Auftrieb und abrupter Abfall der Tonlinie:

  → Größerer Hautwiderstand, Emotionalisierung

    - Der Gesprächspartner fühlt sich betroffen, reagiert vielleicht abwehrend.

- Stakkato-Charaker der Stimme:

  → Erhöhte Erregung des Nervensystems.

    - Der Gesprächspartner wird auf die Dauer aggressiv.

- Langsames Sprechen ohne akzentuierte Rythmen:

  → Blutdruckabfall erfogt

    - Der Gesprächspartner verliert Aufmerksamkeit.

- Geringe Dynamik der Stimme:

  → Verlangsamung von Atem und Pulsfrequenz

    - Achtung: Der Gesprächspartner schläft ein!

- Sanfte, fließende Sprechmelodik:

  → Entspannung der Skelettmuskulatur.

    - Der Gesprächspartner ist entspannt.

- Monotone Stimme:

  → Verengte Pupillen, geringer Hautwiderstand, Beruhigung.

    - Achtung: Der Gesprächspartner schläft ein!

Unsere Stimme gewinnt an Stärke, wenn

- sie voll, kräftig ist,

- klar und deutlich wahrnehmbar ist,

- Lautstärke und Geschwindigkeit variieren.

Der Moderator

- achtet auf die Tonhöhe, und

- stimmt den Rhythmus der Sprache und der Körpersprache an.

## Das Mittel der Betonung - Prosodische Bedeutung

Zuletzt noch einige Worte zur Betonung. Unter Prosodischer Bedeutung verstehen wir die Art und Weise, wie ein Satz gesprochen wird. Je nach Betonung, ändert sich die Bedeutung der Aussage:

Schauen Sie sich den folgenden Satz an und lesen Sie ihn laut vor:

- Ich arbeite heute im Büro.

Je nach Betonung der einzelnen Wörter, verschiebt sich der Schwerpunkt der Aussage.

Ich
(Ich arbeite, nicht etwa du arbeitest heute im Büro)

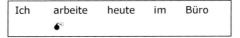

arbeite
(Ich arbeite, ich schlafe nicht etwa, im Büro)

heute
(Ich arbeite heute, also nicht gestern oder morgen im Büro)

im
(Ich arbeite heute im Büro und bin nicht etwa im Außendienst unterwegs)

Büro
(Ich arbeite heute im Büro, also nicht etwa im Labor).

Immer der selbe Satz - aber fünf verschiedene Schwerpunkte. Nutzen Sie das Mittel der Betonung, um Ihre Präsentation ‚farblicher' zu gestalten.

Des Weiteren dient die Betonung der

- Sprechtonerhöhung

- Sprechtonverstärkung

- Sprechtondehnung.

Zusätzlich kann auch die Lautstärke Aufmerksamkeit erregen. Selbst zwischenzeitliches Flüstern kann die Aufmerksamkeit erhöhen.

## Zäsur

Auch wortlose Momente, also bewusst eingefügte Pausen, können Aufmerksamkeit und Spannung beim Gesprächspartner bewirken.

- Vor-Zäsur = bewusste Verzögerung - erzeugt Spannung

- Nach-Zäsur = Pause nach einer Aussage - erzeugt Nachdenken

Sprechpausen dienen zum Beispiel

- zur Gliederung

- zur Erzeugung von Spannung

- um Ruhe (wieder) herzustellen

- um schnelles Sprechen auszugleichen

- um Luft zu holen

- um dem Teilnehmer die Möglichkeit zu geben, die Informationen auch zu verarbeiten.

Übrigens: Das ideale Sprechtempo liegt bei 100 bis 130 Wörtern pro Minute.

## *Lesegeschwindigkeit*

Die Lesegeschwindigkeit kann so errechnet werden:

Anzahl Wörter geteilt durch Sekunden x 60 = Wörter pro Minute (WpM)

| < 100 WpM | extrem langsam |
|---|---|
| 100 - 150 WpM | langsam |
| 150 - 200 WpM | durchschnittlich |
| 200 - 250 WpM | schnell |
| > 250 WpM | extrem schnell |

# Sprechakte - Funktionen der Sprache

John Langshag Austin, britischer Philosoph (1911 - 1960), unterscheidet folgende Funktionen der Sprache (Sprechakte oder Sprechhandlungen):

- Lokutionärer Sprachakt:

  → „Wir sehen uns wieder."

  - Einfaches Aussprechen der Wörter.

  - Die Wörter als solche zählen.

  - Der reine Sachinhalt wird dargestellt.

- Illokutionärer Sprachakt:

  → „Wir sehen uns wieder."

  - Betontes Aussprechen der Wörter. Hier zum Beispiel als Drohung.

  - Die Wörter werden mit der damit verbundenen Tätigkeit genutzt.

  - Zum Beispiel Versprechen, Drohung, Ankündigung.

- Perlokutionärer Sprachakt:

  → „Wir sehen uns wieder."

  - Durch das Aussprechen der Wörter wird auf einen Erfolg hin gearbeitet.

  - Zum Beispiel Erwartung, Flucht, Planung

# Kapitel 6 - Die Gruppendynamik

## Das Verhalten der Gesprächspartner in einer Gesprächsrunde

*Es ist keine Höflichkeit, dem Lahmen den Stock tragen zu wollen*

***Arthur Schnitzler, österr. Dramatiker***
***(1862 - 1931)***

### Aktive und passive Zuhörer

Es gibt Gesprächsteilnehmer, die sehr aktiv auftreten. Sei es, dass sie durch ständige Zwischenfragen oder Zwischenrufe auffallen, oder, dass sie sich mit Ihren eigenen Unterlagen beschäftigen oder, dass sie sich ständig mit ihren Nachbarn austauschen.

Der Moderator soll keineswegs über dieses Verhalten wegsehen, da sich aus dieser Situation sonst schnell ein ‚oppositioneller Teilnehmer' entwickeln könnte. Deshalb den Betroffenen

- anschauen

- zunicken

- eventuell ansprechen

Klären Sie zu Beginn Ihrer Gesprächsrunde die ‚organisatorischen' Dinge. Dazu zählt unter anderem, wie die Gesprächsteilnehmer miteinander umzugehen haben. Zum Beispiel:

- Handzeichen vor einer Wortmeldung geben,

- andere Gesprächsteilnehmer aussprechen lassen,

- einander mit Namen ansprechen.

# Die Dynamik in einer Gesprächsgruppe

*Weise Männer lernen mehr von Narren*
*als Narren von weisen Männern*

**Marcus Portius Cato, röm. Staatsmann**
**(234 - 149 v. Chr.)**

## Der Typ Mensch

Michael Birkenbihl hat in seinem Buch (Train the Trainer, Verlag moderne Industrie AG & Co, Landsberg am Lech), für Gruppen folgende 7 Teilnehmertypen differenziert, die hier in Bezug auf Zuhörer oder Teilnehmer in einer Präsentation beschrieben werden. Speziell auch bei Gruppenarbeiten oder Teamarbeiten kristallisieren sich die einzelnen Typen heraus.

| der informelle Führer | der Tüchtigste | der Beliebteste | der Anpasser, Ja-Sager |
|---|---|---|---|
| der Gruppentrottel | der Oppositionelle | der Außenseiter | |

Der informelle Führer

Müssen die Mitglieder einer Gruppe eine Entscheidung fällen, stellt sich sehr schnell heraus, dass einer der Teilnehmer eine aktivere Rolle als die anderen Mitglieder einnehmen wird.

Diese Person wird versuchen, seine Meinung so darzustellen, dass möglichst viele Teilnehmer ihr zustimmen werden. Diese Person entwickelt sich zum informellen Führer der Gruppe.

Nicht zu verwechseln mit dem formalen Führer der Gruppe, also dem tatsächlichen Vorgesetzten, bzw. dem Präsentierenden.

Der informelle Führer bindet die anderen Team-Mitglieder an sich und hat in der Gruppe die eindeutige Führung übernommen.

Dieser informelle Führer, nennen wir ihn den informellen Vorgesetzten, muss dem formalen Vorgesetzten (Präsentierenden) nicht direkt gegenübertreten. Möglicherweise handelt er versteckt, eben nicht offen. Er kann andere vorschicken, und nicht selbst nach außen auftreten.

Für den Präsentierenden ist diese Situation recht diffizil, da er möglicherweise erst eine lange Zeit benötigt, den informellen Führer zu erkennen.

Hat der Präsentierende den informellen Führer ‚gegen' sich, wird er es sehr schwer haben, die ganze Gruppe auf seine Seite zu bringen. Die Gruppe richtet sich, wie oben beschrieben, nach dem informellen Führer. Was dieser sagt oder tut, gilt als richtig und als ungeschriebenes Gesetz.

Sollte sich der informelle Führer allerdings auf die Seite des Präsentierenden schlagen, wird es leicht, die Gruppe zu führen. Der Präsentierende hat dadurch einen ‚Verbündeten' innerhalb der Gruppe, der sein Tun und Handeln unterstützt. Es genügt im Prinzip, den informellen Führer auf seine Linie zu bringen, und der Rest der Gruppe wird folgen.

Wir haben erkannt, dass der informelle Führer eine sehr starke Rolle einnimmt. Viele Präsentierende sind in Ihrer Präsentation schon einfach deswegen gescheitert, weil sie die Kraft dieser Person nicht erkannten oder erkennen wollten.

**Der Außenseiter**

Wird eine Gruppe neu zusammengestellt, kann es sein, dass sich zwei potentielle informelle Führer gegenüberstehen. Jeder wird in einem harten Kampf versuchen, die Macht an sich zu bringen. Das bringt verständlicherweise starke Unruhe in den Betriebsablauf und kann zu starken Einbußen für das Unternehmen führen. Eine Situation dieser Art kann sich ergeben, wenn ein Außenseiter versucht, einzusteigen.

Er ist zuerst deshalb Außenseiter, weil er neu zur Gruppe stößt. Er hat mehrere Möglichkeiten, sich zu verhalten. Üblich ist, dass er anfangs recht ruhig erscheint, und versucht, sich anzupassen. Gelingt ihm das, ist er zum Anpasser, also wieder zum Ja-Sager geworden.

Vielleicht versucht er auch, die Führung zu übernehmen. Er wird sich dann erst einmal abwartend verhalten. Sobald er den informellen Führer erkannt und eingeschätzt hat, und glaubt, ihm überlegen zu sein, wird er versuchen, dessen Rolle zu übernehmen. Es kommt zum Kräftemessen und zu Unruhen in der Gruppe. Je nach ihrer Stärke, werden sich die Anpasser abwartend verhalten, um nach Ende des "Kampfes", sich dem bewährten oder dem neuen Führer anzuschließen.

Die dritte Möglichkeit ist, dass der Außenseiter immer Außenseiter bleibt. Er kann sich der Gruppe nicht anpassen, wird vielleicht von den anderen nicht gemocht, hat Schwierigkeiten, sich zu integrieren.

Vielleicht hat er bestehende Regeln (ungeschriebene und von der Gruppe erstellte Regeln) verletzt und somit schlechte Chancen, gleichberechtigt zu werden. Das gilt auch für Mitglieder, die von der Gruppe sozusagen ausgestoßen werden, und zum Außenseiter gestempelt werden, weil sie irgendwelche Regeln verletzt haben.

Übrigens - ganz nebenbei bemerkt: In jedem Unternehmen gibt es ungeschriebene Gesetze und Regeln. Es ist für einen neuen Mitarbeiter demnach recht schwierig, diese Regeln, die nirgends schwarz auf weiß zu finden sind, zu erkennen, zu lernen und sich danach zu richten.

Doch zurück zu unseren Gruppenmitgliedern:

Der Präsentierende soll versuchen, den Außenseiter vorsichtig in die Gruppe zu integrieren. Sollte dies nicht gelingen, ist es angebracht, ihn einem anderen Aufgabenbereich zuzuordnen, und zwar in einer anderen Gruppe.

Der Oppositionelle

In der Gruppe gibt es des weiteren den Oppositionellen. Dieses Mitglied vertritt eine schwierige Position. Ihm passt alles nicht, er ist gegen alles und gegen jeden. Er geht gegen den formalen Führer vor, vielleicht auch gegen den informellen Führer. Der Präsentierende wird große Schwierigkeiten mit dem Oppositionellen haben, gerade dann, wenn er sich innerhalb der Gruppe zum Außenseiter entwickelt.

Er wird immer gegen die Gruppe und gegen den Präsentierenden eingestellt sein. Sollte sich der Oppositionelle nicht der Gruppe ‚unterwerfen' wird es über kurz oder lang zu einer Ausgliederung der Person kommen müssen.

Wir sollen aber nicht unberücksichtigt lassen, dass der Oppositionelle viel Energie und auch Ideen entwickelt, die auch ganz gut für das Thema der Präsentation sein können.

Ziel kann es sein, diese leere Energie in brauchbare Energie für das Team bzw. die Präsentation umzuwandeln. Und wenn das nicht gelingt, werden der Präsentierende und auch die anderen Gruppenmitglieder bzw. Zuhörer (in der Regel) froh sein, wenn es schließlich zum Ausschluss kommt.

Der Tüchtigste

Kommen wir zum Tüchtigsten! Das kann ebenfalls eine neu eingetretene Person sein, die versucht, sich durch übermäßig schnelles und tüchtiges Arbeiten, zu profilieren. Die Gruppe wird den Tüchtigsten recht schnell auf das übliche ‚Arbeitstempo und -niveau' bringen. Sollte dieses nicht gelingen, wird auch der Tüchtigste zum Außenseiter.

Ziel sollte es sein, diese Person behutsam ins Team einzubinden, da sie viel (fachliches) Wissen in sich vereint.

### Der Beliebteste

Auch findet sich in der Gruppe der Beliebteste, der sich gerne die Probleme und Schwierigkeiten der anderen anhört, zu vermitteln versucht oder zu schlichten. Er ist möglicherweise auch der, der Wünsche und Anregungen der Gruppe nach außen, z.B. dem Vorgesetzten vorträgt.

Normalerweise wird der Beliebteste nicht die Rolle des informellen Führers übernehmen. Liebevoll können wir seine Rolle als 'Mutter der Nation' oder 'Mutter des Teams' bezeichnen.

Von dieser Person ‚droht' in der Regel dem Präsentierenden keine Gefahr.

### Der Gruppentrottel

Es fehlt noch der sogenannte Gruppentrottel. Er hat die unschönsten Aufgaben zu übernehmen. Er tut dies auch, da seine erbrachten Leistungen nicht den Leistungen der Gruppe entsprechen, so sehr er sich auch anstrengen mag. Die Gruppe hält trotz all dem zu ihrem Gruppentrottel und wird sich schützend vor ihn stellen, bzw. ihn verteidigen.

Der Präsentierende darf nicht den Fehler begehen, diese Person als ‚Trottel' zu behandeln, sonst kann es sein, dass die anderen Teilnehmer sich schützend vor diese Person stellen. Dann hätte der Präsentierende schlagartig alle Zuhörer gegen sich eingestellt.

Der Anpasser

Der informelle Führer kann sich deshalb so stark entwickeln, weil sich ein großer Teil der übrigen Mitglieder als Ja-Sager oder Anpasser auszeichnen. Diese Mitglieder richten sich immer nach dem stärksten in der Gruppe, und stimmen ihm immer zu. Deshalb kann sich die Rolle des informellen Führers so stark entwickeln.

In der Regel sind die Anpasser 'nette' Menschen, die Konflikten gerne aus dem Wege gehen. Sie sind froh, wenn die anderen die Entscheidungen treffen.

Vom Anpasser droht dem Präsentierenden keine Gefahr.

# Kapitel 7 - Gerücht und Schuld

## *Schuldzuweisung*

*Kein Recht auf Faulheit*

***Gerhard Schröder, dt. Politiker***
***(*1944)***

### Du bist schuld

Wir könnten annehmen, dass es der Spezies Mensch sehr nahe liegt, anderen die Schuld in die Schuhe zu schieben:

- „Das hast du falsch verstanden."

- „Das hast du mir so nicht gesagt."

Oder getarnt als ‚Ratschlag'

- „Das hättest du besser so oder so machen sollen."

- „An deiner Stelle hätte ich erst mal ..."

Wie mag die Person sich fühlen, die solche Aussagen hören muss? Das Selbstvertrauen wird durch dieses Verhaltensmuster wohl nicht grenzenlos ausgebaut.

Abgesehen davon <u>wissen</u> wir ja gar nicht, ob unser Gegenüber <u>falsch</u> verstanden hat. Doch scheint es sich so vor unseren Augen darzustellen.

Spielen Sie die folgende Übung durch: Malen Sie in den unten stehenden Rahmen das, was dort als Aussage geschrieben steht. Dann erst weiterarbeiten.

DER GEFANGENE FLOH

Liebe Leserin, lieber Leser, spielen Sie die obige Übung durch, bevor Sie weiterlesen.

Haben Sie alle drei Möglichkeiten gefunden?

Sehr wahrscheinlich nicht. Denn üblicherweise hören wir nur eine der drei Möglichkeiten: Der Gefangene floh; der Gefangene namens Floh; oder das Tier Floh, das gefangen ist.

Damit zeigt es sich, wie schwierig es ist, mit einer einfachen Aussage, die aus nur drei Wörtern besteht, sich eindeutig auszudrücken. Natürlich ist die Aussage aus dem Zusammenhang gerissen, natürlich sind alle Buchstaben groß geschrieben, aber wir wollen mit dieser Übung zeigen, wie leicht es ist, sich misszuverstehen. Wir lernen daraus, dass es ganz einfach ist, einen falschen Eindruck zu gewinnen. Und das bedeutet, dass es für uns sehr ausschlaggebend ist, dass der Präsentierende sich möglichst sauber und klar ausdrücken muss. Durch Rückfragen klärt er ständig, in wie weit die Zuhörer bzw. Gesprächspartner seinen Ausführungen folgen.

Stellen Sie sich vor:

- Auftraggeber A sagt: Produzieren Sie für mich (malen Sie) ‚DER GEFANGENE FLOH!' Er denkt an den Gefangenen, also den Gefangenen, der geflohen ist. Unterstellen wir zu seinen Gunsten, dass er die beiden anderen Alternativen gar nicht kennt, und deshalb auf ein möglicherweise auftretendes Missverständnis gar nicht hinweisen kann.

Stellen Sie sich weiter vor,

- dass unser Gesprächspartner nun anfängt zu produzieren (hier: zu malen). Er hat verstanden ‚DER GEFANGENE FLOH', also genau das, was der Auftraggeber sagte. Oder etwa doch nicht? Denn unser Gesprächspartner hat den <u>Floh</u> gehört, also den Floh, der gefangen ist. Unterstellen wir zu seinen Gunsten, dass er die beiden anderen Alternativen nicht erkennt und deshalb nicht nachfragen wird. Für ihn ist der Auftrag <u>eindeutig</u>! Also produziert er einen Floh.

Als dann der Gesprächspartner dem Auftraggeber nach verabredeter Zeit sein Ergebnis präsentiert (FLOH), schlägt jener fast die Hände über dem Kopf zusammen:

- „Aber ich habe doch gesagt: ‚der GEFANGENE floh‟
- „Nein, hast du nicht!", entrüstet sich der Produzent, „Du hast gesagt: ‚der gefangene FLOH!‟
- „Nein‟
- „Doch‟
- „Nein‟ usw.

Eine Lösung scheint nicht in Sicht zu sein.

Jeder der beiden glaubt, dass der andere die Schuld am Missverständnis trägt. Und dass er selbst Recht habe. Eine schlechte Basis zum einvernehmlichen Handeln - oder?

Der ‚Witz' hierbei ist, dass sich beide im Recht <u>fühlen</u> - und damit folgerichtig den anderen ins Unrecht setzen.

Wir haben aber in unserem Beispiel gesehen, dass es zwei, ja sogar drei <u>richtige</u> Lösungen gibt. Also müsste ein Umdenken erfolgen. Nämlich:

- ‚wenn A richtig ist, muss B nicht falsch sein,'

- ‚wenn A richtig ist, ist B <u>anders</u>!'

Wenn Sie als Gesprächspartner das Verhalten oder die Aussagen Ihres Gegenübers nicht als ‚falsch', sondern als ‚anders' definieren, können Sie - wie auch Ihr Gegenüber - stressfreier miteinander umgehen.

Folglich: bitte keine Schuldzuweisungen. Am besten ich-bezogen reagieren, indem Sie beispielsweise sagen:

- „Ich habe Folgendes verstanden ...“

- „Ich habe das anders gesehen.“

# Entstehen von Missverständnissen und Gerüchten

*Es gibt nur eines, das schlimmer ist, als wenn die Leute über einen reden, und das ist, wen sie nicht über einen reden*

**Oscar Wilde (Oscar Fingall O'Flahertie Wills), ir. Lyriker (1854 - 1900)**

## Gerüchtetest

Sind Sie anfällig für Gerüchte? Lesen Sie bitte die unten geschriebene Geschichte einmal durch. Beantworten Sie dann die Fragen (ohne zurückzublättern). Die Geschichte:

Die Chefsekretärin Frau Mertens, die schon lange im Betrieb arbeitet und auf eine Gehaltserhöhung wartet, sieht auf dem Schreibtisch eines Vorgesetzten den Grundrissplan eines Architekten. Sie informiert ihre Kollegin Frau Nettekoven, dass zwar Geld für ein neues Gebäude da sei, nicht aber für die Mitarbeiter.

Markieren Sie:

R = Aussage ist richtig    F = Aussage ist falsch

? = Geht aus der Geschichte nicht hervor

| Die Feststellung zu der Geschichte: | | R | F |
|---|---|---|---|
| 1. | Die Chefsekretärin heißt Frau Mertens. | | |
| 2. | Auf dem Schreibtisch ihres Vorgesetzten liegt ein Grundrissplan. | | |
| 3. | Der Grundrissplan ist von einem Architekten erstellt. | | |
| 4. | Der Grundrissplan zeigt den Grundriss eines neuen Firmengebäudes. | | |
| 5. | Frau Mertens arbeitet noch nicht lange als Chefsekretärin. | | |
| 6. | Sie hat um eine Gehaltserhöhung gebeten. | | |
| 7. | Ihr Vorgesetzter hat keine Gehaltserhöhung für Frau Mertens bewilligt. | | |
| 8. | Frau Mertens ist sauer über das Verhalten ihres Vorgesetzten. | | |
| 9. | Frau Nettekoven arbeitet im selben Unternehmen wie Frau Mertens. | | |
| 10. | Frau Nettekoven findet es ungerecht, dass kein Geld für die Mitarbeiter da ist. | | |

Übrigens: In der Regel erfährt der Betroffene als einer der Letzten vom Gerücht.

Die Lösung:

| | | | |
|---|---|---|---|
| 1. | R | Steht so im Text. | |
| 2. | ? | Das wissen wir nicht. | Das kann zwar sein, wissen wir aber nicht. Denn der Grundrissplan liegt bei <u>einem</u> Vorgesetzten, nicht bei Frau Mertens Vorgesetzten. |
| 3. | R | Steht so im Text. | |
| 4. | ? | Das wissen wir nicht. | |
| 5. | ? | Das wissen wir nicht. | Sie arbeitet zwar schon lang im Betrieb, aber wie lange als Chefsekretärin ist nicht gesagt. |
| 6. | ? | Das wissen wir nicht. | Es heißt lediglich, dass sie auf eine Gehaltserhöhung wartet. |
| 7. | ? | Das wissen wir nicht. | Wir wissen ja noch nicht mal, ob Frau Mertens eine beantragt hat. |
| 8. | ? | Das wissen wir nicht. | Vielleicht, vielleicht aber auch nicht. |
| 9. | R | Steht so im Text. | |
| 10. | ? | Das wissen wir nicht. | |

Nun, wie viele korrekte Zuordnungen haben Sie gefunden? Glauben Sie immer noch, Sie seien nicht anfällig für Gerüchte?

## *Typische Merkmale eines Gerüchts*

Ein Gerücht:

- kann gewollt oder ungewollt in die Welt gesetzt werden,
- baut häufig auf Tatsachen auf,
- verbreitet sich unkontrolliert,
- wird meist mündlich übertragen,
- ist unverbürgt,
- wird oft verzerrt, entstellt oder verfälscht (aus einer Mücke wird ein Elefant gemacht),
- verbreitet sich um so schneller, je betroffener der Empfänger der Nachricht auf das Gerücht reagiert,
- verstärkt sich, wenn fehlende Informationen die Fantasie der Empfänger anregt,
- verbreitet sich schneller, wenn es sich um ein ‚zweideutiges' Gerücht handelt.

# Hilfreiche Kommunikations-Strategien ...

*Frau Präsidentin, nachdem Sie mich promoviert haben,*
*möchte ich Ihnen zu Ihrer Wahl herzlich gratulieren.*

**Hans-Dietrich Genscher, dt. Außenminister,**
**nach der Worterteilung für sich durch Frau Rita Süßmuth,**
**1991 (\*1927)**

## ... und die Vermeidung von Missverständnissen

Im Folgenden wird unterstellt, dass wir im Dialog einen positiven Ausgang bzw. ein positives Ergebnis für alle Beteiligten erreichen wollen. Deshalb berücksichtigen wir:

1. Menschlichkeit

Guten Kontakt zu den Gesprächspartnern schaffen.

Das A und O eines jeden Gesprächs liegt darin, trotz aller Schwierigkeiten, einen guten Kontakt zur Gegenseite zu schaffen und aufrechtzuerhalten. Das Mittel, mit dem das geradezu zwangsläufig erreicht wird, ist die Würdigung der anderen Position:

- „Ich würde an Ihrer Stelle ebenso argumentieren. Und aus meiner Sicht sieht es so aus, dass ...“

- „Ich bin mir sicher, dass Sie es sich bei Ihrer Überlegung nicht leicht gemacht haben. Und ich bin mir sicher, dass Sie deshalb auch meine Überlegungen akzeptieren werden, wenn ich ...“

2. Kreativität

Gedankenexperiment zum Rollentausch. Nutzen Sie dabei Ihre kreative Denkweise, nutzen Sie Ihre rechte Hemisphäre (Gehirnhälfte).

- „Stellen Sie sich vor, Sie wären in der Position Ihres Vorgesetzten und müssten seine Interessen vertreten und umsetzen ...“

- Gedanklich einen Stellvertreter dienstlich einführen, der Ihre Position übernehmen soll.

- „Stellen Sie sich vor, Sie hätten sich gegenüber Ihrem Gesprächspartner durchgesetzt. Sie haben zwar jetzt ein positives Gefühl, aber was haben Sie wirklich für die Zukunft erreicht?“

## 3. Komplexität

Den Betrachtungsrahmen erweitern (Paradigmen sprengen).

Statt sich nur auf die schwierige Situation zu konzentrieren, ist es sinnvoller den Blick zu heben und das komplette Umfeld mit einzubeziehen:

- „Lassen Sie uns doch erst mal sammeln, was wir bisher erreicht haben."

- „Immerhin stimmen wir in der Mehrzahl der Punkte überein. Was können wir tun, damit wir in dieser Situation das bisher Erreichte nicht gefährden?"

## 4. Bedürfnisse

Die Bedürfnisse, Motive, Interessen und Entscheidungskriterien des Gegenübers kennen und nutzen (Bedürfnis-Klärung).

- Denkt Ihr Gesprächspartner rational (linke Hemisphäre bei Rechtshändern)? Stehen für ihn Zahlen, Daten und Fakten im Vordergrund? Dann stellen Sie ihm den Vorteil, den er erzielen kann, mit Zahlen und Daten dar.

- Umgekehrt: Soll eine Entscheidung verhindert werden, dann kann mit Überlegungen der rechten Hemisphäre argumentiert werden. („Stellen Sie sich vor ...")

## 5. Wellenlänge - die ‚Chemie' muss stimmen

Stellen Sie einen guten ‚Draht' her.

- Steigen Sie ein in die Welt des Gegenübers (aktives Wahrnehmen).

- Eine gute Gesprächsbeziehung herstellen, in der gegenseitiges Vertrauen möglich ist.

## 6. Atmosphäre

Wählen Sie einen passenden, angstfreien Raum. Schaffen Sie eine positive Atmosphäre und eine stressfreie Stimmung.

Ein Mitarbeitergespräch im Büro des Vorgesetzten muss für den Mitarbeiter nicht unbedingt ein angenehmes, harmonisches Gefühl erzeugen.

- Es ist besser, sich an einem ‚dritten' Ort zu treffen, möglicherweise in einem neutralen Besprechungszimmer oder in einem Seminarraum.

Geeignete und strategisch sinnvolle Sitzposition baut Vertrauen auf und fördert dadurch den Gesprächsfluss.

# Kapitel 8 - Vom Monolog, über Dialog zu Gesprächsrunden

## Der menschliche Monolog

*Zwei Monologe, die sich gegenseitig immer und immer wieder unterbrechen, nennt man Diskussion*

**Charles Tschopp, schweiz. Schriftsteller (1899 - 1982)**

## „Ich kam, ich sah, ich siegte" ...

... soll Gajus Julius Cäsar gesagt haben, nachdem er in einem Blitzkrieg über Pharnakes II bei Zela im Jahre 47 vor Chr. gewonnen hatte.

### *Gesundes Selbstbewusstsein oder ellenbogendrückender Egoismus?*

In den heutigen Tagen freuen wir uns im Allgemeinen sehr, wenn ein Mensch selbstbewusst auftritt. Wir mögen Menschen, die wissen, was sie wollen, die ihre realistischen Ziele gesteckt haben, und diese auch anstreben umzusetzen.

Andererseits begegnen wir fast täglich auf den Straßen – und dort nicht nur im Straßenverkehr, sondern auch in Fußgängerpassagen – immer deutlicher zu Tage tretenden Egoismus. Es könnte der Eindruck entstehen, dass nur

- Der Erste,

- Der Beste,

- Der Schnelleste usw.

In unserer Gesellschaft siegen kann.

Das mag vielleicht sogar zutreffen. Einverstanden, wir mögen uns vielleicht gerne mit Siegertypen umgeben, sonst hätten ja wohl Prominente und Stars nicht so viel Zulauf. Andererseits mögen wir Menschen, die auf menschliche Bedürfnisse Rücksicht nehmen, und die nicht ‚rücksichts-los' Ihre gesteckten Ziele verfolgen.

Somit kommen wir in eine gewisse Zwickmühle: Einerseits selbstbewusst aufzutreten, andererseits nicht zu egoistisch zu wirken.

Der Autor bevorzugt die Formulierung: Gesunder Egoismus. Mit dieser Bezeichnung ist die Kombination zwischen gesundem Selbstbewusstsein und gesundem Egoismus gemeint. Natürlich streben wir es an, zu den Siegertypen zu gehören – aber es muss nicht unbedingt der erste Platz sein. Auch ein zweiter, dritter oder hundertster Platz kann ein guter Platz sein.

Egoisten ist der Monolog geläufig. Menschen mit gesundem Egoismus bevorzugen den Dialog.

## Der zwischenmenschliche Dialog

*Für einen Versuch ist es niemals zu früh, für eine Aussprache niemals zu spät*

**John Fitzgerald Kennedy, US-Präsident (1917 - 1963)**

### Was ist ein Dialog?

Laut ‚Grosses Lexikon in Farbe, 1993' ist ein Dialog ein Gespräch zwischen zweien bzw. mehreren.

So einfach ist das?

Steckt in einem Dialog nicht viel, viel mehr? Miteinander reden kann doch nicht so schwierig sein, oder doch? Nun, wenn wir überlegen, zu wie vielen Missverständnissen es kommen kann wird uns, schnell klar, dass es offensichtlich doch gar nicht so einfach ist, einen vernünftigen Dialog zu führen.

Für die weiteren Ausführungen ist es beachtenswert, dass ein Dialog nicht nur mit einer, sondern auch mit mehreren Menschen (gleichzeitig?) durchgeführt werden kann. Genau betrachtet, handelt es sich aber immer um ein Zweiergespräch zwischen zwei Gesprächspartnern, auch wenn mehrere anwesend sind. Dann führen wir eben mehrere Dialoge parallel.

Im Folgenden betrachten wir verschiedene Dialogformen im zwischenmenschlichen Bereich.

Bevor ich anfange zu sprechen, muss ich mir darüber im Klaren sein, dass mein Dialogpartner auch sprechen wird. Also gehört zum Sprechen auch das Zuhören bzw. das Zuhören können.

# Aktiv zuhören

> *Es ist sehr gefährlich, zuzuhören. Hört man zu, kann man überzeugt
> werden, und wer sich durch ein Argument überzeugen lässt,
> ist ein von Grund auf unvernünftiger Mensch*
>
> **Oscar Wilde (Oscar Fingall O'Flahertie Wills), ir. Lyriker
> (1854 - 1900)**

## Hören, zuhören, aktiv zuhören

Wir unterscheiden drei Arten des Zuhörens:

- 1. Hören

  → Ich höre draußen auf der Straße ein Auto vorbeifahren. Diese
  Information speichere ich nicht in meinem Gehirn, da sie mir nicht
  wichtig erscheint. Deshalb werde ich mich später nicht an das
  vorbeigefahrene Auto erinnern können.

- 2. Zuhören

  → Ich höre zu, was mir mein Gegenüber erzählt. Aber tatsächlich
  warte ich nur darauf, antworten bzw. entgegen zu können und lege
  mir bereits meine verbale Erwiderung in Gedanken zurecht. Damit
  schenke ich meinen Gegenüber nur bedingt Aufmerksamkeit, so
  dass es im Ergebnis zu Missverständnissen kommen kann, weil wir
  uns nämlich nicht *richtig* verstanden haben.

- 3. Aktiv zuhören:

  → Ich höre aktiv zu. Bei jeder Aussage meines Gegenübers versuche
  ich zu ergründen, *weshalb* mein Gegenüber das sagt, was er sagt.
  Was steckt hinter den Äußerungen? Ich versuche, ihn zu *verstehen*.
  Es gilt für mich, aktiv und mitfühlend zuzuhören - ohne versteckte
  Signale des Missbehagens auszusenden.

  → Ich stelle mir folgende Fragen:

  - Kann ich das, was ich aktiv höre, erst neutral auf mich wirken
    lassen, ohne gleich zu werten bzw. zu beurteilen?

  - Entscheide ich mich bereits zustimmend oder ablehnend,
    während sich mein Gegenüber äußert, indem ich sichtbar nicke
    oder mit meinem Kopf schütteln?

- Bringe ich die Bereitschaft mit, auch die Meinungen meines Gesprächspartners zu akzeptieren, ohne sie gleich als *falsch* abzustempeln. Akzeptiere ich andere Meinungen?

## Gegenseitiger Respekt im Dialog

Wir unterstellen, dass wir im Dialog mit unserem Gesprächspartner zu einem (gemeinsamen) Ziel kommen wollen. Um mit einem vernünftigen Ergebnis den Dialog zu beenden, gilt es, den Gesprächspartner als gleichwertigen Mensch zu betrachten. Für jegliche Dialogform halten wir fest:

- Ich zeige Respekt

    → Es reicht nicht nur, den Gesprächspartner nur zu akzeptieren - ich versuche, mich in die Gedankenwelt und die Perspektive meines Gesprächspartners zu versetzen.

- Ich bin offen

    → Ich bin offen zu neuen, anderen oder auch meinen Vorstellungen widersprüchlichen Ideen.

    → Ich öffne mich neuen Überlegungen, Ideen und Meinungen.

- Ich bin ehrlich

    → Ich erwarte, dass mich mein Gegenüber nicht anlügt. Dasselbe darf er von mir erwarten. Deshalb bin ich ehrlich in meinen Aussagen.

    → Ich äußere - in korrekter Form - das, was mich wirklich bewegt oder bedrückt.

- Ich bin natürlich

    → Ich verzichte darauf, mich eitel oder arrogant zu zeigen bzw. darzustellen.

    → Ich habe es nicht nötig, mit Fremdwörtern zu protzen, intellektuelle Spielchen in den Dialog zu bringen oder mich auf höhere Autoritäten zu beziehen.

    → Ich brauche weder versteckt noch offen zu drohen.

    → Ich baue keine Feindseligkeiten auf.

- Ich bin interessiert

    → Ich höre aufmerksam und aktiv zu, und stelle weiterführende aufrichtige Fragen.

→ Ich vermeide Fragen, die verschleierte Behauptungen oder Schuldzuweisungen bedeuten.

→ Auch verteile ich keine versteckten Spitzen oder haue nicht in offene Wunden.

→ Ich bin aufgeschlossen und neugierig zu dem, was mein Gegenüber in den Dialog einbringt.

- Ich stelle mit Hilfe aller 5 Sinne dar

→ Mein Ziel ist es, dass mein Gegenüber möglichst genau das versteht, was ich darstellen will. Deshalb erkläre ich meine Gedankengänge, statt sie nur als Ergebnis zu präsentieren.

→ Ich stelle meine eigenen Überlegungen dar, schildere meine Annahmen und zeige die entstehenden Vorteile dieser Überlegungen auf.

→ Ich führe die Quellen und Beobachtungen meiner Argumentationen auf.

→ Ich bringe alle 5 Sinne mit ins Gespräch, damit mein Gegenüber plastischer und bildhafter verstehen kann.

- Ich überlege meine Äußerungen

→ Wenn ich etwas sagen will, achte ich darauf, woher der Impuls kommt, das zu sagen, was ich zu sagen beabsichtige.

→ Ich überlege, welche Motivation meinem Impuls zu Grunde liegt.

→ Ich kläre meine Motive.

→ Ich entscheide, ob ich tatsächlich eine bzw. meine Meinung dazu äußern will.

→ Ich berücksichtige, dass meine Meinung der Meinung meines Gesprächspartners widersprechen kann. Ich nehme mir vor, weiterhin offen für andere Ansichten zu bleiben.

→ Ich überlege mir, ob ich meinen Gesprächspartnern verdeutlichen kann, wie sich meine Meinung gebildet hat.

- Ich beobachte mich selbst

  → Während des kompletten Dialogs beobachte ich mich immer wieder von außen.

    - Wie sieht mich mein Gegenüber?

    - Versteht er alles so, wie ich es meine?

    - Strahle ich negative Körpersignale - Körpersprache aus?

    - Verläuft die Kommunikation - verbal wie non-verbal - ungestört?

- Ich lasse meinen Gesprächspartner ausreden

  → Ich falle meinem Gegenüber nicht ins Wort.

  → Ich höre aufmerksam und interessiert zu, und lasse ihn ausreden.

  → Ich berücksichtige, dass jeder Gesprächsteilnehmer das Recht hat, seine Meinung zu äußern, und dafür die gleiche Redezeit benötigt, wie ich selbst auch.

  → Ich gestehe meinem Gegenüber das Recht zu, nachzufragen oder nachzuhaken.

- Ich bringe stockende Gespräche in Gang

  → Ich stelle eine (provokante) These in den Raum.

  → Ich frage nach Erfahrungen der Gesprächspartner.

  → Ich bringe Beispiele.

  → Ich lasse meine Gesprächspartner schätzen.

    - „Was glauben Sie, wie viele ..."

  → Ich frage nach der Meinung meines Gesprächspartners.

Wenn wir uns in jeglicher Dialogform an diese Regeln halten, dürften Dialoge weitestgehend aggressionsfrei verlaufen und sich zielorientiert entwickeln. Wir können stressfrei und erfolgreich miteinander kommunizieren.

# Dialogformen

*Zusammenkommen ist ein Beginn,*
*Zusammenbleiben ist ein Fortschritt,*
*Zusammenarbeiten ist ein Erfolg*

**Henry Ford, US-amerik. Autobauer**
**(1863 - 1947)**

## Vom Monolog zum Dialog

Analysieren wir nun verschiedene Dialogformen.

Monolog

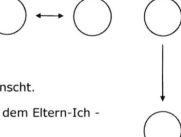

- Eine Person spricht <u>zu</u> einer zweiten.

- Eine Hierarchie ist deutlich erkennbar.

- Die sprechende Person zeigt Dominanz.

- Feedback ist nicht möglich und nicht erwünscht.

- In der Transaktionsanalyse entspricht das dem Eltern-Ich - Kind-Ich

Typisch zum Beispiel bei: Nachrichten im TV, Strafpredigt

Dialog

- Eine Person spricht <u>mit</u> einer zweiten.

- Die Hierarchie ist nicht mehr unbedingt deutlich erkennbar.

- Beide Gesprächspartner zeigen Gleichberechtigung: sie sitzen gleichberechtigt gegenüber.

- Ständiges Feedback ist möglich, wird sogar erwartet.

- In der Transaktionsanalyse als Erwachsenen-Ich - Erwachsenen-Ich Verhaltensmuster zu sehen.

- Typisch zum Beispiel bei: <u>echten</u> Verkaufsgesprächen (ein Gesprächspartner versucht den anderen <u>nicht</u> über's Ohr zu hauen).

Der Dialog kann auch mit mehreren Gesprächspartnern parallel geführt werden.

<u>Ansprache</u>

- Eine Person spricht <u>zu</u> mehreren.
- Die Hierarchie ist deutlich erkennbar.
- Die sprechende Person zeigt deutlich Dominanz (zum Beispiel durch die Benutzung eines Mikrophons).
- Feedback ist nicht möglich und ist nicht erwünscht.
- In der Transaktionsanalyse entspricht das dem Eltern-Ich - Kind-Ich Verhaltensmuster.

Typisch zum Beispiel bei: Nachrichten im TV, Diktatur, Predigt.

<u>Aussprache</u>

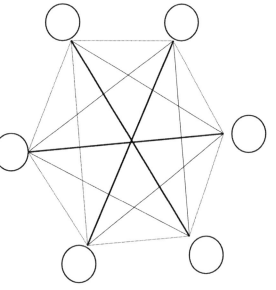

- Mehrere Personen sprechen <u>mit</u> allen anderen.
- Hierarchie spielt keine Rolle mehr.
- Alle Gesprächspartner zeigen Gleichberechtigung.
- Ständiges Feedback ist wird ausgetauscht.
- Offenheit wird erwartet und ist Bedingung.
- In der Transaktionsanalyse Erwachsenen-Ich - Erwachsenen-Ich Verhaltensmuster

Typisch zum Beispiel bei: Teamarbeiten

# Gespräche und Talk-Runden

## *Gesprächsführung*

> *Lasst uns sagen, was wir empfinden, und empfinden, was wir sagen.*
> *Lasst die Rede mit dem Leben übereinstimmen*
>
> **Lucius Annaeus Seneca, röm. Politiker und Rhetor**
> **(4 - 65)**

## Die Gesprächsleitung

Sind Sie Diskussionsleiter, Moderator oder Gesprächsführer in einer Gesprächsrunde?

Schauen wir uns in den TV-Programmen um, sehen wir eine vielfältige Zahl verschiedener Gesprächsrunden. Zum Beispiel:

- Diskussionsrunden

- Moderationsrunden

- Talk-Runden

- sonstige Gesprächsrunden

Allen aufgelisteten ist gemein, dass es eine Gesprächsleiterin bzw. einen Gesprächsleiter gibt. Eine Person, die die Runde leitet bzw. moderiert und in einer Art regelt, die am Ende der Runde das Ziel des Gespräch auch erreichen lässt. Bezeichnen wir diese Person im Folgenden als Moderator bzw. als Moderatorin.

Neben menschlichen und psychologischen Grundkenntnissen wird diese Person sich über das Gesprächsthema vorbereitet haben und über Kenntnisse in verbaler wie non-verbaler Kommunikation verfügen.

Und - nicht vergessen - ein seriöser Gesprächspartner ist unparteiisch! In den Medien werden uns Tag für Tag unzählige Gesprächsleiter präsentiert. Ein Ziel dieses Buches ist, zu zeigen, wie sich der Moderierende aufs Beste verhält.

# Moderation - Diskussion -Talk-Runde

Wir betrachten uns folgende drei Formen von Gesprächsrunden: Moderation, Diskussion und Talk-Runde.

1. Moderation

- Das Charakteristische an einer Moderationsrunde ist, dass alle Gesprächspartner ein im Voraus bestimmtes Ziel erreichen sollen.

2. Diskussion

- In der Diskussion hingegen werden zwei und auch mehr unterschiedliche Meinungen durch die Gesprächspartner vertreten. Das Ziel ist hier, die unterschiedlichen Meinungen anzuhören und ggf. zu einem Kompromiss zu kommen.

3. Talk-Runde

- Und in der Talk-Runde werden verschiedene Themen besprochen. Es muss weder ein Pro noch ein Kontra geben, noch muss ein gemeinsames Ziel erreicht werden. Die Gesprächspartner informieren beispielsweise über ihre Erfahrung, ihr Wissen oder ihre Person.

Allen diesen Gesprächsrunden ist gemein, dass

- es einen Moderator / Diskussionsleiter gibt und

- mehrere Gäste eingeladen sind: Dabei ist eine Gästezahl von fünf sehr gefällig, da

- jeder problemlos zu Wort kommen kann und soll,

- bei Abstimmungen keine Stimmengleichheit entsteht und

- es in der Regel genügend verschiedene Meinungen gibt

## Spielregeln für Gesprächsrunden

Informieren Sie ihre Gäste bzw. Teilnehmer am Gespräch schon vor Beginn des Gesprächs über die Spielregeln. Zum Beispiel:

- über die zur Verfügung stehende Zeit

- über das Thema der Gesprächsrunde

- über die Vorgehensweise bei Redebeiträgen, wie:

    → wie sich zu Wort gemeldet werden soll (zum Beispiel durch Handzeichen)

- über den Umgang bei Zwischenrufen oder Störungen

## *Achten Sie auf die folgenden Punkte der Gesprächsatmosphäre:*

- Die Atmosphäre soll jederzeit entspannt sein. Nur so ist kreatives Denken möglich.

- Alle Teilnehmer an Gesprächsrunden sollen möglichst gleich viel sprechen können.

- Der Gedankenaustausch sollte stets sachbezogen sein.

- Jedem Teilnehmer ist das Thema klar.

- Alle Teilnehmer sollen ihre Meinungen - auch unorthodoxe Ansichten - offen zum Ausdruck bringen.

- Die Teilnehmer hören einander zu.

- Es werden keine Killerphrasen benutzt.

- Die Ziele werden von jedem Teilnehmer verstanden und akzeptiert.

- Jeder Redebeitrag - auch wenn er anfangs unrealistisch erscheint - wird ernst genommen.

- Bei Meinungsverschiedenheiten klärt die Moderation und schlichtet.

- Unterschiedliche Ansichten werden nicht unterdrückt.

- Gruppenentscheidungen können per Mehrheitsbeschluss gefällt werden. Vorher abklären!

- Bevor eine Aufgabe in Angriff genommen wird, erfolgt die realistische Zielsetzung.

- Jeder Gesprächsteilnehmer soll - wenn irgend möglich - gleich viele Redebeiträge bringen.

- Jeder Teilnehmer kann ausreden - wird nicht unterbrochen.

- Auf höfliche Umgangsformen wird geachtet.

- Kein Teilnehmer wird persönlich angegriffen.

- Gegebenenfalls die Beiträge in einem Protokoll festhalten.

## Gast in einer Gesprächsrunde

Wohnen Sie als Gast einer Gesprächsrunde bei, dann sollten Sie sich (menschlich) korrekt verhalten.

Unter korrekt verstehen wir:

| korrekt | unfair |
|---|---|
| konkret antworten | ausweichen, nichtssagende Antworten, Schlitzohrigkeit |
| keine Rechtfertigung | verteidigende Erklärungen abgeben, entschuldigen |
| kurze, knappe Aussagen | Langatmigkeiten. Vermeiden, die Zuhörer zu langweilen |
| Aussagen der anderen Gesprächsteilnehmer akzeptieren | jede Form des Belehrens, Dozierens, arroganten oder überheblichen Argumentierens |
| ruhig bleiben | sich aggressiv verhalten |
| Flexibilität zeigen | keine Rechtsstandpunkte festlegen, verteidigen oder vertreten, wenn dies nicht unbedingt notwendig ist |
| selbstbewusste, unaufdringliche Natürlichkeit zeigen | ein Zuviel oder Zuwenig an Selbstdarstellung vermeiden |
| den Moderator / Gesprächsleiter in seiner Funktion anerkennen | den Moderator / Gesprächsleiter persönlich angreifen, unterbrechen oder Fähigkeiten der Moderation absprechen, korrigieren oder arrogant behandeln |
| Wortmeldungen anzeigen | unterbrechen und dazwischenrufen |
| jeden ausreden lassen | unterbrechen und dazwischenrufen |
| eigene Meinung vertreten | sich auf Autoritäten / Dritten berufen |
| ehrlich bleiben | keine (falschen) Behauptungen aufstellen |
| Gesprächsteilnehmer und Moderatoren mit Namen ansprechen und Blickkontakt aufnehmen | Gesprächsteilnehmer und Moderatoren anonym behandeln und Blickkontakt vermeiden |
| Gestik gezielt einsetzen | wild gestikulieren |
| verständliche Sprache wählen | Unwörter, Füllwörter, Straßenwörter usw. benutzen |

# Taktik und Gegen-Taktik

*Das ist der Beginn einer wunderbaren Freundschaft*

**Humphrey Bogart (1899 - 1957) alias Barbesitzer Rick**
**letzter Satz des Films ‚Casablanca', 1942**

## Verwirrtaktik

Im Dialog lassen sich verschiedene Taktiken einsetzen, um den Gesprächspartner zu verwirren bzw. zu manipulieren. Hier eine kleine Aufzählung, angelehnt an Rupert Lay und Rolf H. Ruhleder. Quelle: HMM Hospitality Management Magazin V/2002

### Unterbrechungs-Taktik

- Dialogpartner unterbricht andauernd.

  → Eine lange Pause machen und dann fragen, ob jetzt fortgefahren werden kann.

### Laien-Taktik

- Dialogpartner spielt den Ungläubigen und behauptet, das verstünde er nicht.

  → Antworten Sie: „Ich komme später im Detail darauf zurück." oder „Das werden wir sofort haben, einen Moment Geduld, bitte."

### Wissenschafts-Taktik

- Dialogpartner zitiert Lehrmeinungen oder zitiert (bewusst) falsch.

  → Antworten Sie: „Das korrekte Zitat lautet aber ..."

### Großzügigkeits-Taktik

- Dialogpartner versucht, Ihre konkreten Fakten als „ungenau, unpassend, unzutreffend usw." hinzustellen

  → Stellen Sie folgende Frage: „Was würden Sie diesen exakten Angaben entgegensetzen?" oder „Ich verallgemeinere hier bewusst, da sich eine grobe Linie nur an solchen Fakten darlegen lässt."

### Ad-personam-Taktik

- Dialogpartner greift Sie persönlich an „Farbe Ihres Jacketts entspricht Ihrer geistigen Haltung."

  → Achtung: Bei persönlichen Angriffen trotzdem immer sehr höflich bleiben und nicht emotional reagieren!

  → Reagieren Sie wie folgt: „Wollen wir nach diesem Ausflug in den Modesektor wieder zum Thema kommen?" und fahren Sie direkt mit Ihrer Präsentation fort.

  → Oder: Lassen Sie Ihren Dialogpartner die negative Aussage durch Gegenfragen mehrfach wiederholen „Ich habe Sie noch immer nicht verstanden". Das unterstützt Ihre Position vor unbeteiligten Zuhörern.

### Versteckte Angriffe auf das Wissen

- Dialogpartner verweist auf frühere widersprüchliche Aussagen.

  → Falls Fehler vorliegt, diesen zugeben.

  → Milde Ausweich-Version:

    - „Sie sehen, ich habe dazugelernt." oder

    - „Ich wollte nur mal sehen, ob Sie aufpassen."

  → Heitere Ausweich-Version:

    - „Da können wir sehen, wie schnell sich die Welt ändert, genau das wollte ich sagen."

  → Harte Ausweich-Version:

    - „Ich halte es mit dem, Konrad Adenauer untergeschobenen: ‚Was kümmert mich mein Geschwätz von gestern?'"

### Verallgemeinerungs-Taktik

- Dialogpartner verallgemeinert unfair „Alle Chefs sind doch gleich".

  → Decken Sie die Verallgemeinerung auf und weisen diese zurück.

    - „Sind Verallgemeinerungen hier wirklich am Platz?"

    - „Sind wirklich alle Schweden blond und sind alle Franzosen die besseren Liebhaber?"

## Kompetenz-Taktik

- Dialogpartner behauptet bei Jüngeren: „Ihre Erfahrung ist einfach zu gering", oder bei Älteren: „Diese Meinung ist nicht mehr zeitgemäß".

    → Am besten nicht darauf eingehen. Fahren Sie mit Ihrer Präsentation fort. Oder

    → Zwingen Sie den Dialogpartner zur inhaltlichen Stellungsnahme. Zum Beispiel:

    - „Was spricht denn nun tatsächlich gegen meine Aussage?"

## Fremdwort-Taktik

- Dialogpartner will Sie mit Fremdwörtern überlisten.

    → Lassen Sie das Fremdwort klären:

    - „Was verstehen Sie genau unter ..." Oder

    - „Bitte, übersetzen Sie mir das Fremdwort ..."

## Phrasen-Taktik

- Dialogpartner sucht anerkennende Zuflucht in höheren Werten.

    → Stellen Sie direkt einen Gegenfrage und klären Sie, was Ihr Dialogpartner unter seinem Einwurf versteht.

    → Dann aufklären und sofort zurück zur Sache kommen.

## Aufschub-Taktik

- Dialogpartner will erst später zu seinem Einwand Stellung nehmen oder kommt mit weiteren Rückfragen.

    → Bezeichnen Sie diese Vorgehensweise als unfair und fordern sofortige Stellungnahme ein. Sollte ihr Dialogpartner sich weigern, müssen Sie zwangsläufig auf ein persönliches Gespräch in der Pause verweisen.

## Verwirrungs-Taktik

- Dialogpartner benutzt Ihre Redewendungen und zieht bewusst falsche Schlussfolgerungen.

    → Stellen Sie sofort die Verwirrungs-Taktik dar:

- „Ich habe Folgendes gesagt ...“ Oder

- „Ich wiederhole meine Aussage ...“

## Diversions-Taktik

- Dialogpartner wechselt unauffällig das Thema, bringt etwas Neues, das Interesse der Zuhörer erregt.

  → Lassen Sie sich nicht das Zepter aus der Hand nehmen. Bleiben Sie bestimmt aber höflich.

  - „Darf ich Sie bitten, zum jetzigen Thema zurückzukommen?“

## Entweder-Oder-Taktik

- Dialogpartner malt extreme Gegensätze auf.

  → Auch hier gilt: Lassen Sie sich nicht das Zepter aus der Hand nehmen.

  - „Natürlich gibt es immer extreme Beispiele. Aber ich bin sicher, es gibt einen Mittelweg, den wir gemeinsam gehen können.“

## Haupt-/Nebensache-Taktik

- Dialogpartner spielt eine Nebensache hoch, um eine Hauptsache zu verdrängen.

  → Machen Sie deutlich klar, was die ‚Hauptsache' ist.

  - „Wir sprechen gerade davon, ob in der Kirche während des Gebets geraucht werden darf. Dass ich bei gutem Cognac und Zigarren vor dem Kamin ein Gebet sprechen darf, da stimme ich Ihnen völlig zu. Doch zurück zu meinem Punkt ...“

# Die Diskussion

*Wenn jemand brüllt, sind seine Worte nicht mehr wichtig*

**Sir Peter Ustinov, brit. Schauspieler**
**(*1925)**

## Diskussionsrunden

Bei der Diskussionsrunde liegen wenigstens zwei eindeutig verschiedene Meinungen vor. Beide Meinungen müssen angehört werden, und die Aussagen müssen von allen Seiten beleuchtet werden. In einer solchen Diskussionsrunde kann es recht hitzig zugehen. Umso mehr muss die Leitung der Diskussionsrunde einen kühlen Kopf bewahren.

Auch wenn es schwer fallen sollte, die Leiterin bzw. der Leiter wird weder eine eigene Meinung zu erkennen geben, noch eine Aussage eines Diskussionsteilnehmers werten. („Find ich gut.")

Hinweis: Als Leiter einer Moderations- bzw. Diskussionsrunde können Sie die Verhaltensweise eines Gesprächsteilnehmer sehr wohl kritisieren („Ich finde es nicht fair, wenn Sie ständig dazwischenrufen!"), nicht aber die Aussage eines Gesprächsteilnehmers („Ich finde Ihre Aussage unglaubwürdig!").

Um den Diskussions-Charakter bildhaft zu verdeutlichen, sitzen sich die beiden Parteien gerne gegenüber. Gute Diskussionsrunden ergeben sich oft bei ‚2 zu 2' oder ‚3 zu 3' Gesprächsteilnehmern.

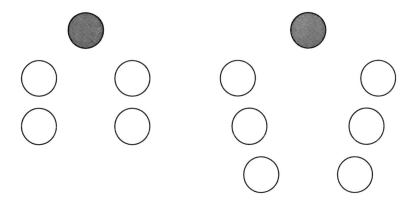

### Beispiel einer Diskussionsrunde

Alternative A.

Nach der Begrüßung wird ein Gesprächsteilnehmer der Partei A aufgefordert, seine Meinung zu äußern. Dann sagt ein Teilnehmer der Partei B seine (anderslautende) Meinung. Dann wieder jemand der Partei A, dann von B und immer so weiter im Wechsel.

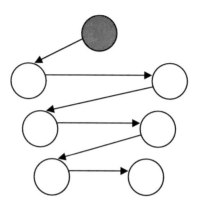

Alternative B.

Nach der Begrüßung begründet jeder Teilnehmer der Gruppe A seine Meinung. Anschließend jeder Teilnehmer der Gruppe B.

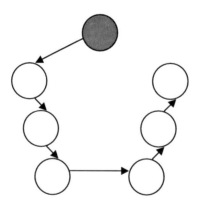

Der Diskussionsleiter muss bei diesem Verfahren sehr genau aufpassen, dass nicht einer der Teilnehmer anfängt, endlos lange Monologe zu halten. Der Wechsel der Redebeiträge muss häufig und lebhaft erfolgen.

Hin und wieder kann sich ein kurzer Dialog zwischen einem Vertreter der Gruppe A und einem Vertreter der Gruppe B ergeben.

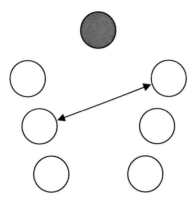

Ein kurzer Dialog ist zu akzeptieren. Droht der Dialog jedoch zeitlich auszuufern, muss die Gesprächsleitung unterbrechen und einen anderen Gesprächsteilnehmer zu einem Redebeitrag auffordern.

Am Ende der Diskussionsrunde fasst die Diskussionsleitung Ablauf und Ergebnis der Diskussion zusammen.

# Die Talk-Show

*Trotz sinkender Einschaltquoten gehen Talkshows erst mal weiter.*
*Es ist zwar schon alles gesagt -  aber noch lange nicht von allen*

**Wolfgang Mocker, dt. Satiriker**
**(*1954)**

## Die Talk-Runde

Die Gäste sitzen im Kreis und einer nach dem anderen wird um seine Meinung zu einem bestimmten Thema gefragt.

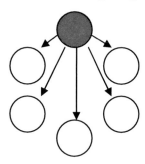

Ein Austausch untereinander ist erwünscht.

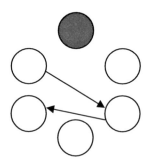

Auch kurze Dialoge zwischen zwei Gästen mögen sich aus dem Thema ergeben.

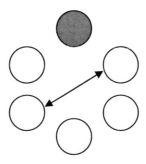

Wie bei allen anderen Gesprächsrunden sollen auch am Ende der Talk-Runde alle Gäste ungefähr gleich oft geredet und gleichviel gesagt haben.

Eine Zusammenfassung durch die Gesprächsleitung am Ende einer Talk-Runde ist nicht nötig, weil kein gemeinsames <u>Ziel</u> gefunden werden muss.

Für die Zuhörer oder Zuschauer ist die Talk-Runde besonders dann von Interesse, wenn verschiedene Ansichten und Informationen - häufig auch über die Gäste selbst - vermittelt werden.

## Polit-Talk

Im Augenblick könnte der unbedarfte Zuschauer den Eindruck gewinnen, dass sich Politiker und Politikerinnen mehr in Talk-Runden aufhalten, als im Bundestag. Politisch Verantwortliche nutzen die Möglichkeit, Ihre Ideen öffentlich innerhalb einer Gesprächsrunde darzustellen. Ein neues Wort - nämlich Polit-Talk - macht so die Runde.

Die Vorgehensweise bzw. die praktische Umsetzung ist einer Talk-Runde gleichzusetzen.

Die Gäste sitzen im Kreis und einer nach dem anderen wird um seine Meinung gebeten. Der Modertor bzw. die Moderatorin muss hier vielleicht noch genauer auf politische Ausgewogenheit bei den Redebeiträge achten.

# Sonderformen von Gesprächsrunden

*Mit Aufrichtigkeit kann man bei diplomatischen Verhandlungen die verblüffendsten Wirkungen erzielen*

**André François-Poncet, frz. Diplomat (1887 - 1978)**

## Das Streitgespräch

In einem Streitgespräch sitzen zwei Kontrahenten, die von einem Moderator durch das (Streit-)Gespräch geführt werden.

Der Moderator achtet darauf, dass beide Teilnehmer möglichst gleich viele Beiträge geben.

In einem Streitgespräch, das mit Verteidigungsminister Rudolf Scharping (SPD) und dem brandenburgischen Innenminister, Ex-General Jörg Schönbohm (CDU) über die mit Auslandseinsätzen überforderte Bundeswehr, die Wehrpflicht und das Zuwanderungsgesetz geführt wurde (Quelle Der Spiegel 12/2002), kamen zu Wort:

◆ Der Spiegel, 14 mal    ▣ Scharping, 12 mal    ◉ Schönborn, 18 mal

Und zwar in dieser Folge (zu lesen Spaltenweise von oben nach unten):

| | | | | | | | | |
|---|---|---|---|---|---|---|---|---|
| ◆ | ◆ | ◉ | ◆ | ◉ | ◆ | ◉ | ▣ | ◉ |
| ▣ | ◉ | ▣ | ◉ | ▣ | ◉ | ◆ | ◉ | ◆ |
| ◆ | ▣ | ◉ | ◆ | ◆ | ◆ | ◉ | ▣ | ◉ |
| ◉ | ◉ | ▣ | ◉ | ◉ | ▣ | ▣ | ◉ | ◆ |
| ▣ | ▣ | ◉ | ◆ | ▣ | ◆ | ◉ | ◆ | – |

# TV-Duell

Zwei Gesprächspartner treffen aufeinander und werden von einem Moderator geleitet. Typisch bei so genannten Elefantenrunden.

(Kanzler / Präsident und Kanzlerkandidat / Herausforderer)

Die Kandidaten müssen beide stehen oder beide sitzen.

Zwei gern gewählte Modelle

## Modell 90-60-30 Abfolge

|  | Der Moderator fragt den Kandidaten |  |
|---|---|---|
| 90 Sekunden | antwortet der Kandidat auf die Frage | Answer |
| 60 Sekunden | reagiert der Kandidat B auf die Antwort | Rebuttal |
| 30 Sekunden | schließt der Kandidat A das Thema ab. | Response |

## Modell Town-Hall-Gespräch

Die Kandidaten reichen dem Moderator vor Sendebeginn die Fragen ein, die ihnen gestellt werden dürfen.

Beide Kandidaten stehen schutzlos vor den Kameras.

Der Moderator unterbricht - auch mitten im Satz, wenn die jeweilige Sprechzeit überschritten wird.

# Bundespressekonferenz

In der Bundespressekonferenz sitzen dreimal wöchentlich

- 15 Pressesprecher, davon
- 14 für jedes der 14 Ministerien und
- 1 für den Kanzler

nebeneinander vor den Reihen der Journalisten.

Der Spiegel bezeichnet die Sprecher als

- ‚verbale Verpackungskünstler', als
- ‚hochfein gestimmte Sprachverwirrer', als
- ‚Jongleure mit Wörtern am Abgrund der Lüge

Er bezeichnet deren Aufgaben (in dieser Reihenfolge) als:

- Schweigen
- Maueren
- Abstreiten
- Thema setzen

Einige der dort gemachten Aussagen (lt. Spiegel)

- „Ich erkläre das bilateral."
- „Das Kabinett hat einmütig, vorbehaltlich einer gesetzlichen Regelung, keine Veranlassung gesehen ..."

(Quelle: Der Spiegel 14/2002)

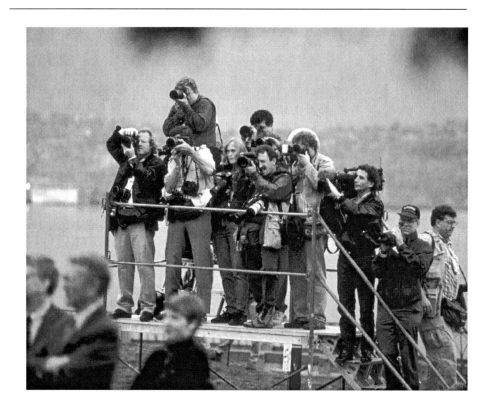

## *Die Moderation der Gesprächsrunden*

> *Es kommt nicht darauf an, dass Freunde zusammen kommen,*
> *sondern darauf, dass sie übereinstimmen*
>
> **Johann Wolfgang Goethe, dt. Dichter**
> **(1749 - 1832)**

## Die Gesprächsrunde eröffnen

Es ist soweit. Die Gäste haben Platz genommen, vielleicht stehen Schilder mit ihren Namen vor ihnen.

Sie - als Moderator bzw. Moderatorin - eröffnen die Gesprächsrunde:

I)   *Begrüßen Sie die Teilnehmer.*

II)  *Stellen Sie sich selbst vor.*

III) *Nennen Sie das Thema.*

IV)  *Erläutern Sie (eventuell) die Spielregeln.*

V)   *Stellen Sie Ihre Gäste vor.*

VI)  *Eröffnen und beginnen Sie die Gesprächsrunde.*

Das Gesprächs-Ende schließen Sie wie folgt ab:

I)   *Wiederholen Sie einzelne Gesprächsthemen eventuell nochmals zusammenfassend.*

II)  *Halten Sie gefundene Ergebnisse, Vereinbarungen, Ziele fest.*

III) *Bedanken Sie sich bei Ihren Gesprächsteilnehmern.*

IV)  *Weisen Sie auf etwaige Folgeveranstaltung hin.*

V)   *Verabschieden Sie Ihre Gesprächsteilnehmer.*

# Die Gesprächsrunde beenden

Nach geglückter Durchführung der Moderation, begeben Sie sich nun zum letzten Teil der Gesprächsrunde: dem Schlussteil.

## Die Zusammenfassung

Es wäre sehr schade - und würde Ihre Arbeit auch abwerten - wenn Sie mit „Das war's." aufhörten.

Im Schlussteil erfolgt eine kurze Zusammenfassung der Gesprächsrunde. Die Gesprächspartner erinnern sich an einzelne Punkte des Gesprächs und durch die Zusammenfassung erhalten sie einen Überblick - sozusagen im Schnelldurchlauf.

Damit die Erinnerungen beim Teilnehmer richtig aufgerufen werden, empfiehlt sich die Zusammenfassung in chronologischer (zeitlicher) Reihenfolge.

Jetzt könnte der Teilnehmer nach Hause gehen. Er wurde (hoffentlich) um einige Informationen bereichert.

Um Ihren Teilnehmern noch mehr Nutzen der Gesprächsrunde zu vermitteln, können Sie im Schlussteil einen oder mehrere der im Kapitel ‚Redeziel' empfohlenen Wege einsetzen, zum Beispiel:

- Ergebnis darstellen

- Moral aufzeigen

- zum Appell auffordern

- Zukunftsvision ausmalen

## Ergebnis darstellen

Zu ‚irgendeinem' Ergebnis sollten Sie in Ihrer Gesprächsrunde gelangt sein. Und damit der Gesprächsteilnehmer dieses Ergebnis wahrnimmt, stellen Sie es deutlich dar.

Auch in Verhandlungen kann es zu einem Ergebnis kommen, selbst wenn keine Einigung erzielt wurde. Sagen die Amerikaner nicht gerne „I agree that we don't agree."?

Was wir so übersetzen können: „Ich stimme damit überein, dass wir nicht übereinstimmen!"

Und siehe da, da beide nicht zustimmen, und dieser Nicht-Zustimmung zustimmen, stimmen sie beide miteinander überein. So können die Vertragspartner harmonisch und freundlich auseinander gehen.

Das ist echte Diplomatie.

## Moral

„Und die Moral von der Geschicht' ..."

Wie viele Märchen und Erzählungen enden mit einer Moral? Spielerisch wurden dem Zuhörer Zusammenhänge dargestellt. Und er lernt etwas. Er lernt, dass

- „es sich nicht lohnt, wenn ..."

- „es sich lohnt, wenn ..."

- „auch ‚kleine' Mitarbeiter/Innen, ‚scheinbar' Schwache und andere bei entsprechender Vorgehensweise Außenseiter/Innen gewinnen können."

- „auch in anscheinend auswegloser Situation oder bei fast verlorenem ‚Spiel' noch gewonnen werden kann."

- „es zu jeder Herausforderung, zu jedem Problem, auch Lösungswege gibt."

## Zum Appell auffordern

„Ich, als Einzelner, kann da ja da sowieso nichts ändern", jammert so mancher Zeitgenosse. Klagen oder jammern bringt in der Regel auch nicht den erwarteten Erfolg. Der Betroffene muss schon selbst aktiv werden, um dem Erfolg die Möglichkeit zu bieten, ihn zu ‚streicheln'.

Manchmal fehlt nur jemand, der dem Betroffenen einen kleinen Tritt in den Allerwertesten versetzt.

Sie, als moderierende Person, können das tun. Selbstverständlich nur virtuell.

Fordern Sie Ihre Gesprächsteilnehmer auf, aktiv zu werden, nach Toyotas Werbeslogan: „Nichts ist unmöglich."

# Kapitel 9 - Modelle zur Gesprächsführung

## *Die Moderationsrunde / das Fünf-Phasen-Modell*

*Ein Chef muss cheffen*

**Jacques Chirac, frz. Politiker**
**(*1932)**

## Die fünf Phasen einer Besprechung

Setzen Sie sich mit Ihren Gästen in einen Kreis! Der Kreis bietet die beste Möglichkeit, dass alle Gesprächsteilnehmer alle anderen sehen und auch direkt ansprechen können.

In der Moderationsrunde soll ein <u>gemeinsames</u> Ziel erreicht werden und es wird eine von <u>allen</u> Teilnehmern akzeptierte weitere Vorgehensweise festgelegt.

Um das zu erreichen, eignet sich das Fünf-Phasen-Modell.

Für Aufbau und Ablauf von (Problemlösungs-) Besprechungen hat sich eine Kurzfassung des Problemlösungsprozesses durchgesetzt. Sie besteht aus 5 Phasen:

1. Phase:

- Aufgabendefinition

    → Wo stehen wir, wo tut's weh?

2. Phase

- Zielformulierung

    → Wo wollen wir hin?

3. Phase

- Aufgabenanalyse

    → Woran liegt es?

4. Phase

- Sammeln von Lösungsvorschlägen. ACHTUNG: KEINE WERTUNG! Sondern BRAINSTORMING!

    → Welche Wege gibt es?

- Bewerten der Lösungsvorschläge

  → Welchen Vor- und welchen Nachteil bringt uns dieser Vorschlag?

5. Phase

- Entschlussfassung

  → Welchen Weg werden wir jetzt einschlagen?

- Aktionsplanung (Zielsetzung)

  → Die nächsten Schritte sind ... Wer erledigt was?

Um sich besser sehen zu können, sitzen dabei alle Beteiligten im Kreis.

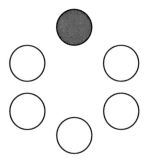

# Realistische Zielsetzung

Ziele sind dann realistisch gesteckt, wenn sie:

- genau definiert sind

  → was soll erreicht werden

  → bis wann muss das Ziel erreicht werden

  → und unter welchen Vorsaussetzungen vorgegangen wird

- realisierbar sind

  → Die Chance, das Ziel zu erreichen muss realistisch und das Ziel selbst realisierbar sein

- kontrollierbar sind

  → Anhand konkreter Zahlen und Daten muss sich später überprüfen lassen, ob und inwieweit die Ziele erreicht wurden

- gesetzeskonform sind

  → Das Ziel darf den Regeln der Unternehmensethik nicht widersprechen

  → Das Ziel darf nicht gegen Gesetze verstoßen

  → Das Ziel des Unternehmens muss abteilungsübergreifend abgestimmt sein. Es darf keine innerbetriebliche Konkurrenz entstehen

- personen- bzw. teambezogen sind

  → Es ist genau festgelegt, wer das Ziel erreichen soll.

## *Realistisches und unrealistisches Ziel*

Nach den oben aufgelisteten Punkten gilt demnach

- nicht als realistisches Ziel:

  → „Ich will in Zukunft besser mit meinen Kollegen umgehen."

Diese Ziel ist nicht kontrollierbar, weil das Wort ‚besser' schwierig fassbar und kaum zu messen ist. Auch die Zukunft ist langgestreckt. Heute? Morgen? In zehn Jahren?

- Als realistisches Ziel gilt:

  → „Ab morgen werde ich jeden meiner Kollegen mit einem freundlichen Lächeln begrüßen."

## *1. Beispiel einer Vorgehensweise nach dem 5-Phasen-Modell*

Angesetzte Zeit: etwa eine Stunde.

Die Gesprächsteilnehmer sind Abteilungsleiter und Abteilungsleiterinnen eines städtischen Nahverkehrsunternehmens. Nach der Begrüßung folgt:

- 1. Phase: Kunden beschweren sich über Un-Pünktlichkeit.

- 2. Phase: Wir wollen eine 100%ige Pünktlichkeit in der Abfahrtszeit erreichen.

- 3. Phase: Gründe, weshalb das Ziel noch nicht erreicht ist:

  → Pkw blockieren die Straßenbahngleise

  → Fahrgäste steigen zu langsam ein bzw. aus

  → schlechte Abstimmung der Fahrzeiten im Berufsverkehr

→ usw.

- 4. a-Phase: Jeder schlägt Möglichkeiten zur Lösung vor. Achtung: Diese Vorschläge werden nicht gewertet (zum Beispiel durch Killerphasen - auch nicht durch Kopfnicken bzw. Kopfschütteln), um weitere Ideen nicht sofort im Keim zu ersticken.

  → Jeder Gesprächsteilnehmer wird zu wenigstens einem Vorschlag aufgefordert (Gefahr: „ich schließe mich den Worten meines Vorgängers an!").

  → Je mehr Vorschläge eingehen, um so besser.

  → Je ‚verrückter' die Vorschläge, um so eher lässt sich eine neuartige Lösung finden (an die zuvor niemand gedacht hätte).

  → Brainstorming. Der Reihe nach nennt jeder spontan einen Vorschlag - was ihm gerade so einfällt.

    - Alle diese Vorschläge werden festgehalten.

    - Jeder schreibt seine Vorschläge unbeeinflusst auf Meta-Plan-Karten (Das sind Karten in verschiedenen Farben, zum Beispiel im Format DIN A7/quer).

    - Für jeden Vorschlag wird eine Karte verwendet. Anschließend werden alle Karten an eine Pin-Wand geheftet.

- 4. b-Phase: Die Vorschläge werden nach Prioritäten sortiert - und dadurch vorgewertet. In einer Diskussion werden Ideen, Pros und Kontras ausgetauscht und schließlich neu gewertet.

  → Über die sinnvolle Anwendbarkeit der einzelnen Vorschläge und über ihre Priorität kann auch nach Mehrheiten abgestimmt werden. Es kann aber auch vereinbart werden: wenn alle Gesprächsteilnehmer einen bestimmten Vorschlag annehmen, wird dieser Vorschlag in die Phase 5 übernommen.

- 5. Phase: Es wird der Entschluss gefasst, welcher Vorschlag umgesetzt werden soll.
  Eine realistische Zielsetzung wird ausgearbeitet:

  → wer erledigt was bis wann ...

## *2. Beispiel einer Vorgehensweise*

Für eine mehrtägige Aktion.

Die Gesprächsteilnehmer sind als Spezialisten in eine Projektgruppe einberufen. Sie beschäftigen sich mit der Unpünktlichkeit des öffentlichen Nahverkehrs.

- 1. Schritt:

  → 1. Phase: Problemdefinition

  → Wo stehen wir? Wo tut's weh?

  → Kunden beschweren sich über Un-Pünktlichkeit.

  - Sie sammeln Daten (Es ist auch denkbar, dass Sie die Daten aus einer Umfrage / Kundenbefragung entnehmen).

  - Spontane Benennung der Probleme durch die einzelnen Teilnehmer der Gesprächsrunde.

  - Dabei werden die geäußerten Punkte bzw. Probleme lediglich gesammelt, und zwar ohne jegliche Wertung.

  - Die gesammelten Punkte werden festgehalten (Flipchart, Memokarten, Aufzeichnungen usw.) Beispiele:

    1. Ansteigen von Kundenreklamationen

    2. zu hohe Personalkosten durch Fehlzeiten

    3. schlechter Kundenservice

    4. zu ungünstiger Einkauf

    5. Probleme gewichten

  - Rang, Reihenfolge oder Priorität wird definiert. Die Beteiligten entscheiden über die Reihenfolge der Bearbeitung. Gegebenenfalls wird ein Punkte nach dem anderen an Hand des 5-Phasen-Modells abgearbeitet.

- 2. Schritt:

  → 2. Phase Zielformulierung

  → Wo wollen wir hin? Was wollen wir erreichen?

- Die Gruppe entscheidet welches Ziel realisiert werden soll und bestimmt das Ziel (im Sinne des Team-Gedanken - möglichst einstimmig).

- 3. Schritt:

  → 3. Phase Problemanalyse

  → Woran liegt es?

  - Die Arbeitsgruppe ermittelt die Gründe für die aufgetretenen Schwachstellen.

- 4. Schritt:

  → 4. Phase (a) Vorschlag möglicher Lösungen bzw. Lösungswege.

  → Welche Wege gibt es?

  - Die Gruppe erarbeitet Lösungsmöglichkeiten und formuliert sie in Form konkreter Vorschläge.

- 5. Schritt:

  → 4. Phase (b) Bewerten der Lösungsvorschläge

  - Die Gruppe entscheidet, welche der erarbeiteten Lösungsalternativen in die Praxis umgesetzt werden sollen.

  - Fachleute und Spezialisten können hinzugezogen werden.

- 6. Schritt:

  → 5. Phase (a) Entschlussfassung

  → Welchen Weg werden wir jetzt einschlagen?

  - Der Vorschlag wird der Geschäftsleitung präsentiert und zur Entscheidung vorgelegt. Diese beschließt dann gemeinsam mit dem Team den Weg der praktischen Umsetzung

- 7. Schritt

  → 5. Phase (b) Aktionsplanung (realistische Zielsetzung)

  → Die nächsten Schritte sind ... Wer erledigt was?

  - Die Gruppe entscheidet, wer bis wann welche Ziele erreichen soll. Der Lösungsvorschlag wird umgesetzt.

- Unabhängig von der Umsetzung erfolgt später eine sogenannte Erfolgskontrolle. Dabei wird geprüft:

1. Gibt es bei der Umsetzung Verzögerungen oder Terminschwierigkeiten?

2. Weicht der vorgesehene Lösungsweg von der vorgeschlagenen Lösung ab? Wenn ja, was sind die Gründe? (Dann gegebenenfalls ein neues 5-Phasen-Modell). Vielleicht haben sich neue Erkenntnisse ergeben?

3. Sind alle erkannten Probleme beseitigt worden?

4. Sind noch Probleme offengeblieben?

Und generell: Ist nur eine Erfolgskontrolle ausreichend, oder sind in bestimmten Zeitabständen weitere Erfolgskontrollen notwendig?

# Fünfsatz

*Lerne zuzuhören, und du wirst auch von denjenigen Nutzen ziehen,*
*die dummes Zeug reden*

**Platon, röm. Philosoph**
**(427 - 348/347 v. Chr.)**

## In fünf Schritten zum Ziel

In vielen Bereichen können wir das 5-Phasen-Modell wieder entdecken. Hier eine Übersicht:

| Phase | neue Herausforderungen | Lernpsychologie | im Management |
|---|---|---|---|
| 1 | Begegnung mit Schwierigkeiten | Motivation | Schwierigkeit |
| 2 | Lokalisieren und Präzisieren | Zielprojektion | Istwert |
| 3 | Ansatz möglicher Lösungen | Lösungsmöglichkeiten | Sollwert |
| 4 | Logische Folgen des Ansatzes | Versuch und Irrtum | Lösungsvorschläge |
| 5 | Weitere Beobachtungen und experimentelles Vorgehen | Lösungsverstärkung oder Anwendung | Entscheidung und Anweisung |

| Phase | Problemlösung | Konfliktlösung | Rhetorik |
|---|---|---|---|
| 1 | Problemdefinition | Konflikt-Wahrnehmung | Warum spreche ich? |
| 2 | Zielformulierung | Bewusstmachen von Empfindungen | Was ist? |
| 3 | Problemanalyse | Fähigkeit, Gefühle zu äußern | Was müsste sein? |
| 4 | 4a: Sammeln von Lösungsvorschlägen 4b: Bewerten der Lösungsvorschlägen | Sprachliches Verständigungs- vermögen | Wie ist es zu erreichen? |
| 5 | Entschlussfassung, Aktionsplanung | Bereitschaft zum Gespräch | Aufforderung zum Handeln |

Dabei wird angenommen, dass in dieser Art die Zeit zur Abhandlung der einzelnen Phasen wie folgt wird:

- Phase 1 bis 3 etwa 50 % der zur Verfügung stehenden Zeit

- Phase 4 bis 5 ebenso etwa 50 % der Zeit.

Im Einzelnen sieht das so aus:

| Phase | Zeit in % |
|-------|-----------|
| 1 | 5 |
| 2 | 20 |
| 3 | 25 |
| 4 | 40 |
| 5 | 10 |

| Phase | Zeit in % |
|-------|-----------|
| 1-3 | 50 |
| 4-5 | 50 |

Die angegebenen Daten sind selbstverständlich nicht bindend.

# Das Brainstorming

*Eines Tages werden Maschinen vielleicht denken,*
*aber sie werden niemals Phantasie haben*

**Theodor Heuss, dt. Bundespräsident**
**(1884 - 1963)**

## Schnell neue Gedanken finden

Zeit ist Geld. In wenig Zeit sollen neue Ideen formuliert werden. Typisch für das Brainstorming ist:

- kurzer Vorgang

- schnelle Vorgehensweise

- alle Gesprächsteilnehmer sind aktiv beteiligt

- gefundenen Punkte schriftlich festhalten oder zum Beispiel an einer Pinnwand markieren

- keine Killerphrasen benutzen

Wir splitten in zwei Phasen auf:

Phase A. Hier werden Ideen gesammelt und noch nicht gewertet.

Phase B. Erst hier darf gewertet werden.

- Phase A

  → Quantität geht vor Qualität

    ▪ Je mehr Ideen, desto größer die Chance auf eine wertvolle Anregung.

  → Alles ist erlaubt

    ▪ Beschränkungen sind tabu.

  → ‚Verrückte' Ideen sind gesucht

    ▪ Alle Lösungsideen nennen. Auch wenn sie noch so abenteuerlich, albern oder falsch zu sein scheinen.

  → Jeder wird angehört

    ▪ Reihum abfragen oder besser Meta-Plan (Ideen auf Karten schreiben lassen) einsetzen.

- Durcheinanderreden kommt nicht in Frage!

→ Es gibt kein geistiges Eigentum - Es gilt der Team-Gedanke

- Niemand hält seine Einfälle zurück.

- Denn: Jeder ausgesprochene Gedanke ist auch eine Anregung für die Anderen.

→ Einfälle nicht zerreden. Keine Wertung oder Kritik zu diesem Zeitpunkt!

- Hohes Tempo und kurze knappe Formulierungen: In der Sammelphase werden Ideen nur kurz angerissen.

→ Ideensuche von der Ideenkritik trennen

- Kritik führt zur Ideenblockade. Erst sammeln, dann bewerten!

→ Protokoll führen

- Die Ideen sollen schriftlich festgehalten werden (Tafel, Flipchart, Pinnwand).

→ Killerphrasen sofort abblocken

- „Daraus wird nie etwas!"

- „Wie wollen Sie das machen?"

- „Das haben wir schon einmal probiert!"

- Phase B

→ Werten

- Was grundsätzlich nicht gewollt ist - streichen.

- Was grundsätzlich umsetzbar ist - festhalten.

- Rangordnung vorgeben (Prioritäten setzen).

# Die destruktiven Killerphrasen

*Wir Deutschen haben Ungeheueres wieder gut zu machen*

***Ernst Reuter, dt. Politiker, am 22.6.1945***
***(1889 - 1953)***

## Nichts ist unmöglich

Finden Sie es gut, kreative Ideen gleich durch eine Killerphrase abzuwürgen? Sicherlich nicht - oder doch? Wir bezeichnen Killerphrasen als destruktiv (zerstörend), weil Sie uns in der (gedanklichen) Weiterentwicklung deutlich hemmen bzw. hindern. Hier einige (negative - aber typische) Beispiele:

- „Das klappt sowieso nicht!"

- „Nur so kann das funktionieren!"

- „Das ist noch nicht ausgereift!"

- „Das war schon immer so."

- „Das geht in unserer Firma nicht."

- „Versuchen Sie das mal mit unseren Mitarbeitern."

- „Das ist zu teuer."

- „Das hat noch nie funktioniert."

- „Dafür haben wir keine Zeit."

- „Dass ausgerechnet <u>Sie</u> das sagen."

- „Von <u>Ihnen</u> hätte ich das nicht erwartet!"

- „In Deutschland (oder anderswo) geht das nicht."

- „Dafür ist unser Unternehmen zu groß / zu klein."

- „Das hat schon Ihr Vorgänger versucht."

- „Da hat sich schon Frau X die Zähne dran ausgebissen."

- „Bringt ja sowieso nichts."

- „Steht in keiner Relation."

- „Da kriegen Sie nie die Zustimmung (vom Vorgesetzten, vom Chef, vom Vorstand)."

- „Da fehlen uns die Maschinen."
- „Dazu haben wir kein Know-how."
- „Das können wir sowieso nicht."
- „Früher hat's auch <u>so</u> geklappt."
- „Alles so neumodische Dinge."
- „Da kann doch keiner was mit anfangen."
- „Sowieso alles Mist."
- „Das brauchen wir gar nicht erst zu probieren."
- „Unmöglich!"
- „Wir leben doch nicht mehr im Mittelalter."
- „Das haben wir <u>so</u> noch nie gemacht."
- „Absolut nicht machbar."
- „Blödsinn! (typische Politiker-Phrasen: Schwachsinn, Quatsch, Blödsinn, Unsinn usw.)!"

# Schock-Überwindung

## Persönliches Phasen-Modell nach einem ‚Schockerlebnis'

Sollten Sie einmal von einem Teilnehmer verbal angegriffen werden (zum Beispiel über ein - in Ihren Ohren - negativ klingendes Feedback, dann können Sie auch sehr gut ein angepasstes 5-Phasen-Modell benutzen. Dieses wird dann zum 7-Phasen-Modell.

### Das 7-Phasen-Modell zur Überwindung eines Schocks

- 1. Phase: Sie erfahren einen sogenannten Schock durch

  → Kritik,

  → Feedback,

  → Reklamation,

  → Selbsterkenntnis.

- 2. Phase: Sie verneinen

  → „der Spinner"

- 3. Phase: Sie erleben eine rationale Einsicht

  → „'eigentlich' stimmt es ja"

- 4. Phase: Sie stimmen einer emotionalen Akzeptanz zu

  → „er hat ja Recht"

- 5. Phase: Sie testen aus

  → Brainstorming

    ▪ Sammeln von Ideen und Lösungsvorschlägen

- 6. Phase: Sie akzeptieren

  → Brainstorming

    ▪ Wertung

- „das kann ich tun!"

- Ergebnisfindung

- 7. Phase: Sie setzen ein realistisches Ziel

→ Realistische Zielsetzung

- wer

- was

- bis wann

- wo

- „ich tue es"

## Realistische Zielsetzung

Schon mehrmals haben wir den Begriff ‚realistische Zielsetzung' erwähnt. Was bedeutet das?

- Formulieren Sie Ihr Ziel konkret und klar aus.

→ Wer, was, bis wann, wo?

- Wählen Sie ein Ziel, das durch den eigenen Einfluss erreicht werden kann. Es soll ja realistisch sein.

→ Ich werde ...

- Bewegen Sie sich mental auf etwas zu.

→ Beispielsweise auf die Durchführung einer tollen Präsentation, und nicht von etwas weg, etwa von den Schwierigkeiten in der Vorbereitung. Letzteres würde dann nach wie vor die Gedanken beherrschen.

- Stecken Sie sich kein zu großes Ziel, das Sie vielleicht überfordern könnte.

→ Mehrere kleinere, überschaubare Teilziele wählen, der Erfolg wird schneller sichtbar - die eigene Motivation steigt.

- Stellen Sie sich immer wieder das angestrebte Ziel genau vor, zum Beispiel wie erfolgreich die Präsentation durchlaufen wird.

  → Fragen Sie sich bei diesem mentalen Training:

    ▪ „Was sehe ich? Wie fühle ich mich?"

- Vermeiden Sie negative Wörter wie ‚keine' oder ‚nicht'.

  → Also nicht etwa: „Hoffentlich kriege ich kein Lampenfieber."

  → Besser: „Das Lampenfieber werde ich problemlos überstehen."

- Schreiben Sie Ihre Ziele auf und geben Sie das Aufgeschriebene an eine Stelle, wo Sie immer wieder ‚mit der Nase' draufstoßen.

  → So werden Sie immer wieder daran erinnert, welche Ziele Sie erreichen werden.

### Was will ich in meinem Leben erreichen?

Beispiel einer Denkweise für ein Lebensziel. Setzen Sie sich Ihren eigenen Lebensstil. Fragen Sie dazu:

- Was will ich in einem bestimmten Alter erreicht haben?

- Welches Image hätte ich gerne?

- Welche Leistungen muss ich erbringen, um dieses Image zu erreichen?

Welche Wirkung hat mein Tun in 5, 10 oder 20 Jahren?

# Kapitel 10 - Interviews, Umfragen, Befragungen

## Die Umfrage auf der Straße

*Über den Informationswert von Politiker-Interviews gibt es eine simple Formel: Amt mal Rücksicht auf Koalitionspartner durch Partei minus Wähler*

**Wolf von Lojewski, deutscher Fernseh-Moderator (\*1936)**

### Das Interview und die Umfrage

Sie haben den Auftrag, eine Umfrage auf der Straße durchzuführen. Oder - Sie wollen ein Produkt verkaufen. Oder - Sie haben sich als Ziel gesteckt, ein optimales Verkaufsgespräch / Bewerbungsgespräch / Überzeugungsgespräch zu führen.

In den meisten Fällen (vielleicht sogar in allen?) ist es das Ziel, den Interviewpartner manipulierend so weit zu bringen, dass er Ihre Zielfrage (das ist die zuletzt gestellte Frage im Gespräch) in Ihrem Sinne beantwortet.

Nehmen wir an, Sie möchten, dass Ihr Mitarbeiter in Zukunft 20 % mehr Arbeitsleistung erbringt - ohne gleichzeitig einen finanziellen Ausgleich zu erhalten: er wird wohl eher abgeneigt sein.

Durch das Vorschalten eines entsprechenden Fragekataloges wird er am Ende aber (wahrscheinlich) mit „Ja" antworten. Weiter unten im Text wird hierzu ein Muster-Interview aufgeführt.

Verwechseln Sie ‚Interview' nicht mit ‚Umfrage'. In einer Umfrage soll ein tatsächliches Ergebnis ohne manipulative Einflüsse erzielt werden. Zum Beispiel, wie viele Menschen morgens Kaffee trinken, oder Tee, oder Saft.

Das Ergebnis wird dann statistisch festgehalten.

Kehren wir zurück zum Interview, wobei wir im Folgenden keinen Unterschied unter den drei Interviews machen:

- face to face (Gesicht zu Gesicht, also Befragter und Befrager stehen sich unmittelbar (physisch) gegenüber)

- telefonisches Interview

- schriftliches Interview

# Die Befragung

*Das naive menschliche Denken geht von der Sache aus,
das wissenschaftliche von der Methode*

**Carl Friedrich von Weizsäcker, dt. Atomphysiker
(*1912)**

## Methodik

Die Methodik (griech. methodos) bedeutet etwa: Der Weg um etwas zu erreichen. Demnach ist der Einsatz eines Fragebogens der Weg, um bestimmte Daten zu erhalten.

Um einen möglichst seriösen Durchschnittswert für eine statistische Auswertung zu erhalten, werden meist 1.000 bis 2.000 Personen befragt.

Dabei muss der benutzte Fragebogen möglichst objektiv erstellt werden. Zum Beispiel sollen weder suggestive Fragen noch überfordernde Fragen enthalten sein. Auch soll der Fragebogen unabhängig des Ortes (Standort während der Befragung) noch der Zeit (Zeitpunkt, an dem das Interview geführt wird), gleiche Gültigkeit haben, und in jedem vergleichbaren Falle (sinn-)gleich beantwortet werden. Das bedeutet: Ob die Hausfrau morgens um 9 Uhr auf dem Markt oder nachmittags an der Haustür befragt wird, die Antworten sollten jeweils gleich gegeben werden.

### Befragungsformen

Umfrage, Interview und Questionnaire.

Neben dem Interview, das nur mit einer Person durchgeführt werden kann (zum Beispiel im Bewerbungsgespräch), sehen wir die Umfrage, die sogenannte öffentliche Meinungsumfrage, als Demoskopie bezeichnet (seit G. Gallup, 1936).

Neben einer Vielzahl von Interviews und anderen Befragungsformen in der Medizin, Therapie und Psychologie (zum Beispiel Beratungsinterview), auf die hier aber nicht weiter eingegangen wird, findet sich der Questionnaire, der mit einem feststehenden Bereich von Fragen zum Beispiel für diagnostische Zwecke eingesetzt wird.

## Befragungskonstruktion

Wir unterscheiden in ‚harte' und ‚weiche' Vorgehensweise.

Um die erfragten Punkte in eine Statistik umwandeln zu können, ist - bei gewissenhafter Durchführung - bei der Erstellung eines Fragebogens einiges zu berücksichtigen. So muss sich entschieden werden, ob sich eher eine ‚harte' oder ‚weiche' Vorgehensweise vorgenommen werden soll.

- ‚harte' Vorgehensweise,

  → die fokussierte (gezielte) Befragung, mit vielen geschlossenen Fragen, die dem Befragten nur wenig Raum geben, eigene Ausführungen einzubringen.

- ‚weiche' Vorgehensweise,

  → die narrative (erzählende) Befragung, mit vielen offenen Fragen, die dem Befragten viel Raum geben, mehr als nur ‚ja' oder ‚nein' zu antworten.

Beide Vorgehensweisen können natürlich gemischt werden. Für die Auswertung ist eine ‚harte' Vorgehensweise sicherlich einfacher, da Ja- und Nein-Antworten leichter zu erfassen und zu zählen sind, als offene Antworten. Bei der ‚weichen' Vorgehensweise muss mehr zeitlicher Rahmen für die Auswertung der Bögen eingeplant werden, da verständlicherweise die offenen Fragen viel komplexer und unstrukturierter beantwortet werden können.

Grundsätzlich müssen alle gestellten Fragen für den Befragenden eindeutig zu beantworten sein, wer auch immer fragt, und wann und wo befragt wird. Deshalb muss in den Fragen eine Sprache bzw. Wörter gewählt werden, die von den Befragenden verstanden werden. Es ist sinnlos, seine Untersuchungen und Ergebnisse auf verbale Missverständnisse aufzubauen.

# Wer nicht fragt, bleibt dumm

## Typische Befragungsfehler

Immer weitergehend unter der Voraussetzung, dass der Befragte weitgehend nicht oder wenig manipuliert werden soll, müssen bei der tatsächlichen Befragung möglichst viele Befragungsfehler ausgeschlossen werden. Vermeiden Sie deshalb:

- Angst beim Befragten

  → Hat der Befragte Angst, etwas von sich preiszugeben, so dass ihm später ein Nachteil entstehen könnte, wird er anders antworten, als es der Wahrheit entsprechen mag. Eine Befragung im Beisein des Vorgesetzten des Befragten könnte solch eine Situation sein.

- Peinliche Situationen beim Befragten

  → Bringen Sie den Befragten nicht in eine für ihn peinliche Situation. Befragen Sie ihn nicht zu gesellschaftlichen ‚Tabu'-Themen im Beisein von anderen.

- Überforderung des Befragten

  → Benutzen Sie wenige Fremdwörter oder Fachvokabularien, und falls doch, erklären Sie sofort, was Sie darunter verstehen.

  → Stellen Sie leicht zu verstehende Fragen. Vermeiden Sie beispielsweise Schachtelsätze.

  → Befragen Sie nicht zu einem (fachlichen) Thema, bei dem Sie davon ausgehen können, dass Ihr Befragter keine oder wenig Kenntnis zur Materie hat.

  → Dauert die Befragung zu lange, oder steht der Befragte unter Zeitdruck, wird er ebenso ungern und damit möglicherweise unrichtige Antworten geben.

- Unterforderung des Befragten

  → Erscheinen dem Befragten die Fragen zu einfach, wird er schnell desinteressiert sein. Vielleicht fühlt er sich sogar veralbert. Ob dann die Antworten noch seriös sind?

- Manipulation des Befragten

→ Eine Menge der Fragen können als sogenannte Suggestivfragen, also Fragen, die beeinflussen, angesehen werden. Im Sinne der seriösen Antwort sind demnach Suggestivfragen fehl am Platze. In Verkaufsgesprächen oder in Überzeugungsgesprächen werden sie hingegen gerne benutzt.

→ Wir müssen uns darüber im Klaren sein, dass alle Fragen (sowieso) manipulierend eingesetzt werden können. Daraus sollten wir erkennen, wie extrem schwierig es ist, einen Fragebogen aufzubauen, der so wenig wie möglich den Befragten in der Wahl seiner Antworten beeinflusst.

- Überrumpelung des Befragten

→ Auch hier eine Art Manipulation, indem in der Fragestellung bereits eine Behauptung (vom Fragenden) aufgestellt ist. Wir bezeichnen Fragen dieser Art als taraktische (verwirrende) Fragen. Ein Beispiel:

  - „Hatte das Fahrzeug Abblendlicht oder Fernlicht eingeschaltet?"

→ In dieser Frage wurde unterstellt, dass das Fahrzeug bereits Licht eingeschaltet hatte. Aber vielleicht war <u>gar kein</u> Licht eingeschaltet.

- Person und Auftreten des Fragenden

→ Wir halten fest, dass die befragende Person natürlich einen erheblichen Einfluss auf die Beantwortung der Fragen hat. Erscheint ein Befrager als sympathisch, erhält er unter Umständen andere Antworten.

→ Weiter spielt es eine Rolle, ob eine Frau oder ein Mann befragt wird, ob diese Person alt oder jung ist, wie das allgemeine Auftreten ist, mit welchen Umgangsformen die Person auftritt usw.

# Wer fragt, führt

## Fragearten

Unterteilen wir die Frage-Arten in zwei Gruppen:

1. Informationsfragen

- dienen der Informations-Gestaltung und / oder

- der Bedarfsklärung

2. Taktische Fragen

- dienen der Gesprächs-Lenkung und / oder

- der Gestaltung einer Gesprächs-Atmosphäre

### Beispiele von Informationsfragen

- geschlossene Frage

  → beginnt mit einem Verb (bei Gesprächseinstieg; Zielfrage im Interview; bei gehemmten Gesprächspartner)

  ▪ „Gefällt Ihnen mein Vorschlag?"

  → Antwort: ja oder nein

- offene Frage

  → beginnt mit einem Fragewort

  ▪ „Wo" - „was" - ...

  → Eine vernünftige Antwort ist nicht mit ‚ja' oder ‚nein' möglich. Der Antwortende muss sich deutlicher erklären.

- halboffene Frage (Cluster-Frage) oder multiple choice Frage

  → hier sind zum Beispiel Felder zum Ankreuzen vorgesehen.

  - „Wie oft benutzen Sie die Rechtschreibprüfung in Ihrem Textprogramm?"

  → Mögliche vorgegebene Antworten: sehr oft - manchmal - nie

  → Der Antwortende kann (nur) aus einer der vorgegebenen Möglichkeiten wählen.

  → Manchmal sind auch mehrere Antworten wählbar.

## *Beispiele von Taktischen Fragen*

- Rhetorische Frage (Scheinfrage)

  → bedarf keiner Antwort

  → die Antwort wird vom Fragenden selbst gegeben

  → im Vortrag oder in der Präsentation regt sie zum Nachdenken an

  → Zuhörer werden aufmerksam und fühlen sich einbezogen, ohne antworten zu müssen

  - „Wie wollen wir nun in Zukunft vorgehen? - Ich schlage vor, dass ..."

- Gegenfrage

  → beschafft Hintergrundinformation

  → korrigiert eine Aussage

  → Der Gesprächspartner ist etwas verunsichert und stellt eine Frage, auf die dann mit der Gegenfrage reagiert wird.

  - „Ist das System nicht zu kompliziert?" - Gegenfrage: „Kompliziert im Vergleich wozu?"

- Suggestiv-Frage

  → die erwartete Antwort ist bereits interpretiert

  → der Befragte soll im Sinn des Befragenden antworten

  → der Befragte ist relativ leicht zu beeinflussen

  - „Sie arbeiten doch sicherlich gerne mit uns zusammen, oder?"

→ Gern benutzte Wörter in der Suggestiv-Frage:

- sicherlich

- wohl auch

- gewiss

- nicht wahr?

- Alternativ-Frage

  → ist eine spezielle Suggestiv-Frage

  → Zwei Möglichkeiten werden vorgegeben; dadurch ist als vernünftige Antwort kein Nein möglich

  → die zweite Alternative (B) ist vom Fragenden bevorzugt (bleibt länger im Gehirn)

    - „Bevorzugen Sie A oder B?"

- Ja-Antwort-Frage

  → ist eine spezielle Suggestiv-Frage

  → mehrere Fragen werden hintereinander so gestellt, dass der Beantwortende immer mit ‚Ja' antworten soll. So wird spätestens nach der dritten Frage fast automatisch auch mit ‚Ja' geantwortet, da das Gehirn des Befragten davon ausgeht, dass bisher alles stimmte (und mit ‚Ja' beantwortet wurde) und deshalb auch das nächste stimmen muss (und somit wieder mit ‚Ja' beantwortet wird).

    - „Sie arbeiten schon 10 Jahre bei uns?" - „Ja."

    - „Gefällt Ihnen die Arbeit bei uns?" - „Ja."

    - „Sie wollen auch in Zukunft für uns arbeiten?" - „Ja."

    - „Dann sind Sie auch bereit, in der augenblicklichen Situation vorübergehend für etwas weniger Lohn zu arbeiten?" - „... Ja ..."

- Übereinstimmungs-Frage

  → dient der laufenden Kontrolle

  → kann bei gehemmten Gesprächs-Partnern eingesetzt werden

  → es wird geklärt, oder der Fragende richtig verstanden hat

- ▪ „Habe ich nicht in Erinnerung, dass ...?"
- Kontroll-Frage

→ dient der Klärung, ob mich mein Gegenüber verstanden hat

- ▪ „Darf ich das bisher Erreichte nochmals zusammenfassen?"
- Taraktische Frage (Verwirrende Frage)

→ In der Fragestellung ist bereits eine Behauptung aufgestellt ist.

- ▪ „Hatte das Fahrzeug Abblendlicht oder Fernlicht eingeschaltet?"

Zur Vollständigkeit sei erwähnt, dass non-verbale Fragen (Zum Beispiel durch Mimik) zu beiden Gruppen gehören können.

## Die rhetorische Frage - „Weshalb Kieselsteine?"

„Guten Tag, meine Damen und Herren. Heute rede ich über das Thema ‚Kieselsteine im Bonn-Kölner Rheinufer-Gebiet'. *Weshalb habe ich mir das Thema Kieselsteine ausgesucht?* Nun, Kieselsteine deshalb, weil ...“

Und schon ist er mittendrin, unser Redner. Wie ist er vorgegangen?

*I)  Teilnehmer wurden begrüßt*

*II) Titel wurde genannt*

*III) Rhetorische Frage wurde gestellt*

*IV) Mit dem Thema wurde begonnen*

Durch das Stellen der rhetorischen Frage mag sich der Zuhörer Folgendes überlegen:

- „Tja, weshalb redet der nun über Kieselsteine? Das hätte ich aber auch gerne mal gewusst."

Und schon hat der Redner genau das erreicht, was er als Ziel hatte:

- der Zuhörer ist neugierig,
- gespannt, wie es weitergeht und
- aufmerksam.

Der Redner erzielt demnach:

- Neugierde
- Spannung

- Aufmerksamkeit

Das sind drei hervorragende Eigenschaften, die der Redner nutzen kann, um schnell in sein Thema einzusteigen. Ein Vorteil der rhetorischen Frage ist weiterhin, dass der Redner keine tatsächliche Antwort vom Zuhörer erwartet. Denn er gibt ja die Antwort selbst. Mit der rhetorischen Frage wird eine Schein-Interaktion mit dem Zuhörer erreicht. Aber die Antwort wird dem Zuhörer in Form der dann folgenden Präsentation gegeben.

Natürlich kann eine rhetorische Frage an allen möglichen Stellen in die Präsentation eingebaut sein. Besonders zu Beginn der Präsentation ist diese Fragestellung wie geschaffen.

## *Die akademische Frage*

Akademische Frage ist eine theoretische Frage, die für die Praxis ohne jegliche Bedeutung ist.

- „... dann erhebt sich die Frage, ob der Begriff ‚Wenden' rein wendischen Ursprungs ist oder ob die Kelten den Volksstämmen der Wenden diesen Namen gaben.

# *Fragen über Fragen*

*Nichts kommt von selbst. Und nur wenig ist von Dauer*

**Willy Brandt, (Herbert Karl Frahm), dt. Politiker
(1913 - 1992)**

## Gegenüberstellung offener und geschlossener Fragen

| offene Fragen | geschlossen Fragen |
|---|---|
| **1. Gebrauch** | |
| - der Gesprächspartner soll in den Dialog aktiv einbezogen werden<br>- der Gesprächspartner soll möglichst viel Informationen preisgeben | - Entscheidungen sollen getroffen werden<br>- Vereinbartes soll gegengecheckt werden<br>- Vereinbartes soll verstärkt werden<br>- als Zielfrage im Interview oder im Verkaufsgespräch |
| **2. Vorteile** | |
| - der Gesprächspartner hat Freiraum zu eigenen Ausführungen<br>- eine positive Gesprächsatmosphäre wird aufgebaut<br>- bauen Vertrauen auf | - Entscheidungen sollen getroffen werden<br>- der Zeitaufwand für ein Gespräch oder Interview ist begrenzt<br>- hilft gehemmten Gesprächspartnern. Zu Beginn eines Dialogs einsetzen<br>- Fragebögen sind leicht auswertbar<br>- die Antworten sind relativ leicht kalkulierbar |
| **3. Nachteile und Risiken** | |
| - es können langatmige Monologe entstehen<br>- es wird auf etwas anderes geantwortet, als auf die ursprüngliche Frage des Fragenden<br>- mögliche Antworten lassen sich nicht vorprogrammieren<br>- vom Fragenden wird Flexibilität in der Fragestellung erwartet | - es kann der Eindruck eines militärischem Verhörs entstehen<br>- gefährden die Ausgewogenheit im Dialog<br>- können verunsichern und dadurch den Gesprächspartner in seinen Ausführungen blockieren<br>- lassen dem Gesprächspartner keinen Spielraum |

# Fragetechniken

Wir erkennen, dass nicht jede Frage an jeder Stelle passend wirkt.

Aber: Wer fragt - führt; wer fragt - behauptet nicht!

Vier Fragetechniken sind sinnvoll einsetzbar:

- 1. Die offene Frage

    → Sie erhält Informationen über den Problemzusammenhang,

    → sie öffnet den Horizont,

    → sie löst Problem,

    → sie erfasst Zusammenhänge,

    → sie lädt den Befragten zu ausführlichem Reden ein.

    - Beispiel: „Was war denn der Hintergrund, dass der Zuhörer plötzlich ...“

- 2. Die reflektierende Frage

    → sie reflektiert / spiegelt die Meinung, das Gefühl des Befragten wider,

    → sie zeigt aktives Zuhörens,

    → sie zeigt Interesse, Wertschätzung und Verständnis,

    → sie baut damit eine gut Beziehung zum Redner auf,

    → sie schafft Beziehung, ohne den eigenen Standpunkt aufzugeben.

    - Beispiel: „Hatten Sie auch schon mal einen ‚schwierigen' Zuhörer bei einer Präsentation?“

- 3. Die richtungsweisende Frage

    → sie ist eine geschlossene Frageform,

    → sie fordert die Bestätigung von Übereinstimmung,

    → sie fordert eine Entscheidung,

    → sie zeigt Gemeinsamkeiten.

    - Beispiel: „Sind Sie einverstanden, das Thema 'Pro' zuerst zu besprechen?“

- 4. Die evozierende (hervorrufende) Frage

  → sie ist ebenso ein offene Frage,

  → sie zielt auf bislang nicht angesprochene aber vermutete Übereinstimmung,

  → sie klärt Unausgesprochenes,

  → sie lädt zum gemeinsamen Lösen von Herausforderungen ein.

    - Beispiel: „Haben Sie einen Vorschlag, wie wir in Zukunft mit Querulanten umgehen sollen?"

Im Sinne des vernünftigen Dialogs (wenn, soweit möglich, nicht oder nur wenig manipuliert werden soll) verhalten Sie sich wie folgt:

- Stellen Sie verständliche Fragen.

- Stellen Sie möglichst präzise (genaue) Fragen.

- Halten Sie während der Fragestellung Blickkontakt zum Befragten.

- Geben Sie Ihrem Gegenüber Zeit, die Frage auf sich wirken zu lassen.

- Verknüpfen Sie die gegebenen Antworten mit der nächsten Frage.

- Vermeiden Sie den Eindruck einer Inquisition (mittelalterliche Untersuchung eines Ketzergerichts) zu erreichen.

# Der Fragebogen

*In der Ehe stammen Drehbuch und Regie vom Mann,*
*Dialoge und Ton von der Frau*

***Federico Fellini, it. Filmregisseur***
***(1920 - 1993)***

## „Ich will es wissen"

Mehrere Fragen hintereinander gestellt, ergeben einen Fragebogen. Die Einzelfrage ist in einem Fragebogen relativ bedeutungslos. Aber die Kombination mehrerer Fragen sichert das diagnostische (das, was es zu erkennen gilt) Ziel ab. Dabei gilt die erste Frage als Eisbrecher-Frage.

### Die Dramaturgie des Fragebogens

Genauso wichtig ist die Dramaturgie (Gestaltung):

- Globalfragen vor Detailfragen stellen.

- Kreuzungsfragen mit gesonderten Antwortwegen sind möglich.

- Kontrollfrage (in anderer Formulierung oder zur Überprüfung der Glaubwürdigkeit) können eingebaut werden.

# *Die Mikro-Makro-Planung*

*Nichts ist vereinbart, bis alles vereinbart ist*

**Tony Blair (Anthony Charles Lynton), brit. Politiker (\*1953)**

## Der erfolgversprechende Aufbau des Fragebogens

Für den Erfolg der Befragung ist die Fragefolge wichtig.
Dabei berücksichtigen wir:

- Spannungskurve

  → Die Spannungskurve entsteht durch die richtige Zusammenstellung der Fragen nach der Bereitschaft des Befragten zum emotionalen Engagement an der Befragung

- Pufferfrage

  → Zwischen einzelnen Frageblöcken kann eine Pufferfrage eingebaut werden, um

  → dem Befragten deutlich zu machen, dass in einen neuen Themenblock gewechselt wird,

  → den möglicherweise krassen Sprung in den nächsten Block zu mildern.

Die richtige Reihenfolge der Fragen bezeichnen wir als Mikroplanung (Reihenfolge unmittelbar benachbarter Fragen). Das heißt, dass die erste Frage vor der zweiten, die zweite vor der dritten usw. gestellt wird. Es hat keinen Sinn, am Ende der Präsentation zu fragen ob jeder den Sprechenden gut hören und sehen kann.

Die Mikroplanung beachtet den sogenannten Halo-Effekt (W. Allport, USA 1959), wonach jede Frage einen inhaltlichen und emotionalen Bezugsrahmen für die nächste Frage setzt. (Halo, engl. Glorienschein, Lichthof.)

Antworten hängen daher stark von der Wirkung vorausgegangener Fragen ab. Nur deshalb wird die Zielfrage entsprechend der Vorstellung des Fragenden beantwortet.

Die einzelnen Fragen müssen also wohl überlegt nacheinander gestellt werden. Stimmt die Reihenfolge der Fragen nicht, greift der Halo-Effekt nicht. Das gewünschte Ergebnis des Fragenden ist somit in Frage gestellt.

Eine Gruppe aufeinander abgestimmter Fragen ergibt einen Block. Die Aneinanderreihung mehrerer Blöcke bezeichnen wir als Makroplanung (optimale Zusammenfügung einzelner Fragegruppen).

Im ersten Block befindet sich u.a. die Eisbrecher-Frage, im letzten die Zielfrage.

Ein Fragekatalog besteht sinnvollerweise mindestens aus drei Blöcken (einleitende Fragen, Hauptbereich, abschließende Fragen).

Je nach Länge des Fragebogens können mehr als drei Blöcke benutzt werden. Weniger als drei Blöcke ergibt allerdings keinen vernünftigen Aufbau eines Fragebogens. So wie bei den Einzelfragen ist die Reihenfolge der Blöcke ausschlaggebend für den Erfolg der Frageaktion.

Durch die richtige Aneinanderreihung der Blöcke entsteht die Spannungskurve.

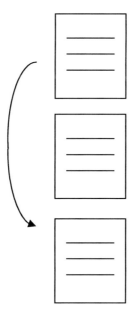

Zwischen den einzelnen Blöcken können Pufferfragen eingeschoben sein.

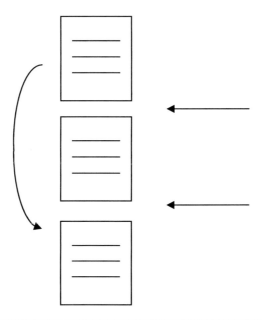

Dadurch ergibt sich folgender Aufbau des Fragekatalogs.

| | |
|---|---|
| 1. Frage | Eisbrecher-Frage |
| 2. Frage | Block A |
| 3. Frage | |

Pufferfrage möglich

| | |
|---|---|
| 4. Frage | |
| 5. Frage | Block B |
| 6. Frage | |

Pufferfrage möglich

| | |
|---|---|
| 7. Frage | |
| 8. Frage | Block C |
| 9. Frage | Zielfrage |

# Positive Manipulation oder negative Beeinflussung?

## Manipulation durch Fragen?

*Sage mir, was du isst, und ich sage dir, wer du bist*

**Jean Anthelme Brillat-Savarin, frz. Feinschmecker (1755 - 1826)**

## Ist eine Manipulation durch eine Fragefolge möglich und erlaubt?

Stellen Sie sich vor: Sie sind Chef bzw. Chefin eines Unternehmen und hätten gerne, dass Ihre Mitarbeiter zwanzig Prozent mehr Arbeitsleistung erbringen. Und gleichzeitig auf zwanzig Prozent Lohn verzichten. Unmöglich meinen Sie? Dann belauschen wir das Gespräch zwischen Herrn Boss, Chef und Herrn Mertens, Arbeiter im in der obersten Etage gelegenen Büro des Chefs.

### Das 20 % Gespräch mit Herrn Mertens

Boss:　„Ach, hallo, guten Tag Herr Mertens. Nehmen Sie bitte Platz."

Mertens: „Vielen Dank."

Boss:　„Ich finde es schön, dass Sie sich die Zeit nahmen, zu mir zu kommen. Sie haben doch sicherlich viel zu tun in der Fabrik, oder?"

Mertens: „Ja, haben schon eine Menge zu tun."

Boss:　„Herr Mertens, wie lange arbeiten Sie denn schon bei uns?"

Mertens: „Fast 20 Jahre."

Boss:　„20 Jahre? Das ist aber eine lange Zeit."

Mertens: „Na ja."

Boss:　„Dann gefällt es Ihnen sicherlich bei uns?"

Mertens: „Ja, doch."

Boss:　„Sicherlich wollen Sie die nächsten 20 Jahre auch noch bei uns arbeiten, oder?"

Mertens: „Na klar."

Boss:　„Sehr schön. Herr Mertens, Sie haben wahrscheinlich schon von den Problemen des Mitbewerbers X gehört?"

Mertens: „Jaa, also nicht so genau."

Boss:  „Nun, unbestätigten Gerüchten zu Folge geht es denen nicht mehr so gut."

Mertens: „Ui."

Boss:  „Ja, Sie wissen ja, die Japaner ..."

Mertens: „Ja, ja."

Boss:  „Und die Einführung des Euros ..."

Mertens: „Ja, klar."

Boss:  „Herr Mertens, finden Sie es gut, wenn Mitarbeiter der Firma X nach 20 Jahren entlassen werden müssen?"

Mertens: „Nein - natürlich nicht."

Boss:  „Finde ich schlimm. Sie auch?"

Mertens: „Ja, natürlich ist das schlimm."

Boss:  „So soll es in unserem Unternehmen doch nicht geschehen, oder?"

Mertens: „Nein, um Himmels Willen."

Boss:  „Also sind Sie mit mir der Meinung, dass wir unbedingt vermeiden müssen, dass unsere Mitarbeiter auf der Straße landen?"

Mertens: „Ja, da bin ich absolut Ihrer Meinung."

Boss:  „Herr Mertens, ich weiß ja, dass Sie und Ihre Kollegen schon sehr viel arbeiten. Aber meinen Sie, dass es - eine gewisse Zeit lang - denkbar wäre, dass Sie ein klitzeklein wenig noch mehr Arbeitsleistung aufbringen könnten?"

Mertens: „Nun ... ja, bestimmt."

Boss:  „Das finde ich sehr loyal von Ihnen, Herr Mertens. Danke."

Mertens: „Ist schon gut."

Boss:  „Lassen Sie uns Nägel mit Köpfen machen. Sagen wir, dass wir - vorübergehend - sagen wir mal - zwanzig Prozent mehr Arbeitsleistung aufbringen können?"

Mertens: „Ist schon eine Menge. Aber wenn es dem Unternehmen hilft."

Boss:  „Ich habe nichts anderes von Ihnen erwartet. Also halten wir fest: Zwanzig Prozent mehr Arbeitsleistung, sagen wir einfach, ab dem nächsten Ersten. Einverstanden?"

Mertens: „Ja, ist gut."

Boss: „Und wenn wir schon dabei sind. Es nutzt unserem Unternehmen ja wohl nichts, wenn wir weiterhin super Ware produzieren, die aber niemand mehr kaufen kann, weil wir zu teuer sind, oder?"

Mertens: „Das stimmt wohl."

Boss: „Unter der Berücksichtigung, dass die Produkte unseres Mitbewerbers - falls er Konkurs gehen sollte - den Markt überschwemmen, sollten wir absolut unangreifbar im Preis unserer Waren sein. Meinen Sie nicht auch?"

Mertens: „Das ist auch meine Meinung."

Boss: „Schön, ich wusste, dass Sie mich verstehen. Dann verstehen Sie auch, dass wir zur Stärkung unseres Produkts - für eine kurze Zeit vielleicht - eine kleine Einschränkung unseres Lohn hinnehmen könnten?"

Mertens: „Na ja ..."

Boss: „Muss ja nicht für immer sein, Herr Mertens. Aber wenn jeder von uns nur auf ein klein wenig seines Lohns verzichten könnte, wären wir alle sehr wahrscheinlich aus dem Schneider. Oder?"

Mertens: „Unter den gegebenen Umständen ist das wohl richtig."

Boss: „Ich freue mich, dass Sie uns helfen, unser Unternehmen überleben zu lassen."

Mertens: „Schon gut - ist doch klar."

Boss: „Dann lassen Sie uns auch hier Nägel mit Köpfen machen, ja?"

Mertens: „O.k."

Boss: „Gut - Also, sind Sie einverstanden, sagen wir mal, auf ein Fünftel Ihres Lohns vorübergehend zu verzichten?"

Mertens: „Vorübergehend - ja."

Boss: „Toll, Herr Mertens. Halten wir fest, Verzicht auf ein Fünftel, ab dem - ach - einfach auch ab dem nächsten Ersten. Dann ist alles in einer Kiste. Einverstanden?"

Mertens: „Ja, Herr Boss."

Boss: „Herr Mertens, ich danke Ihnen für Ihr Verständnis und für Ihre Kooperation. Ich wusste, dass ich auf Sie zählen kann. Sie müssen sicherlich wieder an Ihre Arbeit zurück?"

Mertens: „Ja, das sollte ich jetzt. Danke für das Gespräch Herr Boss"

## Was bedeutet Manipulation?

Manipulation (lat.: manu plere = mit der Hand führen) ist eine Verhaltensbeeinflussung zu fremdem Nutzen. Also zu Nutzen der Person, die manipuliert. Seit 1945 hat das Wort Manipulation übrigens einen negativem Beigeschmack.

Die Verhaltensbeeinflussung kann für den Manipulierten bewusst oder unbewusst erfolgen.

- Beispiele:

    → Werbung

    → Ideologien

    → Lügen

    → Bedürfnisweckung/-lenkung

Die Manipulation kann:

- die Fähigkeit des Befragten einschränken, selbständig Entscheidungen zu treffen

    → zum Beispiel durch Suggestiv-Fragen

- die personale Autonomie, die Selbstständigkeit, Unabhängigkeit des Beeinflussten gefährden

- emotionelle Entscheidungen vor rational begründeten begünstigen

    → zum Beispiel in Verkaufsgesprächen

- fragwürdige Leitwerte aufbauen

    → zum Beispiel in Sekten

Abschließend sei bemerkt, dass Manipulation nicht unbedingt negativ ausgelegt werden muss. Wir können auch jemanden positiv manipulieren - sagen dann aber eher motivieren.

In beiden Fällen soll der Manipulierte / Motivierte nicht den Eindruck gewinnen über's Ohr gehauen worden zu sein!

## *Urteilsverwirrungen und andere*

Beteiligen Sie sich an Urteilsverwirrungen?

- Falsche Verallgemeinerungen

  → entstehen durch falsche Begründungen und durch falsche Schlussfolgerungen.

  - „Was du nicht verloren hast, gehört dir. - Dieses Auto hast du nicht verloren, also gehört es dir."

- Falsche Schlussfolgerungen

  → entstehen durch (falsche) Verknüpfung von Ursache und Wirkung

  - „Der Briefträger bringt die Post, bevor der Ehemann nach Hause kommt. - Also ist der Briefträger die Ursache für das späte Nachhausekommen des Ehemannes."

  - „Wir haben den Erfolg vor uns gesehen. - Also sind wir die Erfolgreichen."

- Urteilsverwirrungen

  → entstehen durch Verdrehen von Wortbedeutungen

  - „Junges Gemüse" statt „junge Menschen"

- Abwertende Beimengungen

  → entstehen durch Hinzufügen eines zweiten Wortteils, der in Verbindung mit dem anderen Wortteil diesen abwertet

  - „Wegwerf-Gesellschaft."

- Missbrauch von Wörtern

  → entsteht durch Verharmlosung einer Situation, in dem irreleitende Wörter genutzt werden

  - Kollateralschaden

- Mehrdeutigkeiten

  → entstehen dadurch, dass ein Wort, das verschiedene Bedeutungen hat, im selben Zusammenhang (bewusst) mehrfach eingesetzt wird.

  - „Ein Kuli hat eine Mine - Ein Gepäckträger ist ein Kuli - Also hat ein Gepäckträger eine Mine."

# Die Umfrage

*Die einfachste Art, einen Menschen zu ehren, ist - ihm zuzuhören*

**Carl Zuckmayer, dt. Schriftsteller
(1896 - 1977)**

## Vorbereitung

Um eine Umfrage auf der Straße sinnvoll durchzuführen, empfiehlt sich:

- für jeden Befragten einen Interviewbogen vorzubereiten

  → um später besser auswerten zu können

  → leichtere Handhabung (kein Umblättern)

  → bereits vorhandene Angaben eines Vorgängers würden den Befragten beeinflussen

- 8 bis maximal 15 Fragen pro Interview

  → weniger als acht Fragen: eine Spannungskurve kann meist nicht aufgebaut werden

  → mehr als 15 Fragen: der Befragte verliert leicht das Interesse

- Feld für statistische Angaben frei lassen. Für

  → Alter

    - bis 19

    - 20 bis 29

    - 30 bis 39

    - 40 bis 49

    - 50 bis 59

    - 60 und älter

  → Geschlecht

    - männlich, ♂

    - weiblich, ♀

  → Soziale Schicht (aber bitte, ohne diese Wörter zu schreiben, damit der Befragte sich nicht ärgert), zum Beispiel so

- - *** (hoch)

- - ** (mittel)

- - * (niedrig)

Alle statistischen Angaben bitte ins untere Fünftel des Interviewblattes.

## Aufteilung auf dem Fragebogen

| 1. Frage | |
| --- | --- |
| 2. Frage | |
| ... | |
| ... | |
| letzte Frage | |

| | | | |
| --- | --- | --- | --- |
| bis 19 | | Sonstiges | Ort: |
| 20 bis 29 | | | Datum: |
| 30 bis 39 | | | Zeit: |
| 40 bis 49 | ♦ | *** | Befragter: |
| 50 bis 59 | | ** | |
| 60 und älter | ♦ | * | |

Es versteht sich, dass diese Angaben absolut subjektiv sind. Aber oft geben sie bei der späteren Auswertung der Fragebögen interessante Hinweise.

Und noch ein Feld - Sonstiges. Hierher gehören Dinge, die vorher nicht abzusehen waren (Zum Beispiel: Polizist in Uniform, der auf bestimmte Fragen nicht antworten durfte.)

Falls das Interview an mehreren Tagen oder Orten durchgeführt wird, sollen zur späteren vernünftigen Auswertung noch die Angaben

- Ort

- Datum

- Zeit

- Befragender

ergänzt werden.

Berücksichten Sie bei der Erstellung des Layouts Ihres Fragebogens, dass

- der Befragte auch mal auf den Bogen schaut

- genügend Platz für die Antworten vorgesehen ist

- dass durch eine Klammer am stützenden Klemmbrett kein Text abgedeckt wird.

Um spätere Vergleiche erhalten zu können, müssen die Fragen auf jedem Bogen und bei jedem Befragten absolut gleich sein - und wortgleich gestellt werden.

## *Lügen haben kurze Beine*

*Frauen lügen nie. Sie erfinden höchstens die Wahrheit,*
*die sie gerade brauchen*

**Yves Montand, frz. Chansonnier**
**(1921 - 1991)**

## 200 Lügen am Tag?

Laut Professor Peter Stiegnitz, Lügenforscher aus Ungarn, lügen Menschen etwa 200 Mal am Tag. Seiner Meinung nach sagen Männer rund zwanzig Prozent häufiger die Unwahrheit als Frauen, da Männer angeblich eher erst reden und dann denken.

Ein Kind beginnt erst im Alter zwischen drei und fünf Jahren zu lügen, sobald es erkennt, dass andere Menschen auch anders denken können. Es erkennt, dass es sich durch schwindeln oder lügen einen Vorteil verschaffen kann. Dies wird ‚Theorie des Verstands' genannt.

Übrigens: angeblich wird in katholischen Gegenden leichter mit der Wahrheit umgegangen, da ein schlechtes Gewissen wohl mit einer Beichte zu bereinigen sei?

## *Warum lügt der Mensch?*

Offensichtlich lügt der Mensch, weil er so leichter (und erfolgreicher?) durchs Leben gelangt.

- Dabei kann die Lüge bewusst unwahr sein.

  → egoistische Lüge

  → parteiische Lüge

  → heroische Lüge

- Oder, eine Lüge bei einer nicht beabsichtigten Falschaussage.

- Und als drittes kann eine Lüge auf Grund falscher Informationen zu Stande kommen.

Welche Motive ein Befragter auch hat, zu lügen, wir wollen als Interviewer ja die ‚Wahrheit‘ hören. Deshalb schaffen wir durch den geschickten Aufbau des Fragebogens eine Dramaturgie, die den Befragten möglichst zur ehrlichen Antwort bewegt.

Einfache Wörter, einfache Fragen, klare Sätze, keine Fremdwörter usw. tragen zu diesem Effekt bei.

Kontrollfragen können eingebaut werden, um zu erkennen, ob annähernd wahrheitsgemäß geantwortet wird.

## *Lügen ... oder unwillkürliche Gesichtsbewegungen.*

Die Grundemotionen starten unbewusst. Aber der Emotionsforscher Ekmann fand heraus, dass auch bei bewusst eingesetztem Mienenspiel sich unwillkürliche - und damit nicht kontrollierbare - Gesichtsbewegungen einmischen. Diese halten - laut Ekmann - etwa eine dreißigstel Sekunde an und sind für den Laien so gut wie nicht bewusst zu erkennen.

Er bezeichnet das als ‚Microexpressions‘. Ekmann behauptet sogar, dass es 35 Indizien der Mimik, Gestik oder Stimme gibt, die auf eine Lüge hinweisen können.

Also, denken Sie daran: Mimik, als wichtiges Element der Körpersprache, wird vom Gegenüber (unbewusst - und meist richtig) gedeutet. Die innere Bereitschaft, ehrlich mit dem Gegenüber umzugehen, erweist sich auch hier als Vorteil.

# Lügen wegen der Konformität?

*Erfolg, Anerkennung und Konformität sind die Schlagworte
der modernen Welt, in der sich jeder nach der betäubenden Sicherheit
sehnt, mit der Mehrheit identifiziert zu werden*

**Martin Luther King, am. Bürgerrechtler
(1929 - 1968)**

## Das Experiment von Solomon Asch

Solomon Asch führte mehrere Versuche durch, um das konforme Verhalten
von Menschen zu beweisen. Im Ergebnis der Versuche wurde festgehalten,
dass der soziale Einfluss auf ein Ergebnis deutlich erkennbar ist. Der Mensch
neigt dazu, die Meinung oder das Verhaltensmuster anderer
Gruppenmitglieder anzunehmen - wohlgemerkt, obwohl er merkt, dass diese
Meinung nicht korrekt ist.

Asch platzierte 1970 sieben bis neun Personen, so wie abgebildet.

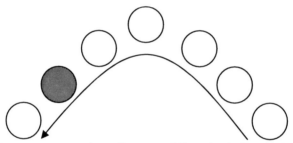

Tatsächlich war nur eine Person (die dunkel markierte) eine echte
Versuchsperson, die anderen waren eingeweiht. Mit solch einer
Versuchsgruppe führte er 12 bis 18 Durchgänge durch. Er zeigte der Reihe
nach (in Pfeilrichtung) den Teilnehmern eine Karte mit der Standard-Linie
und eine Karte mit Vergleichslinien.

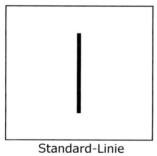

Standard-Linie

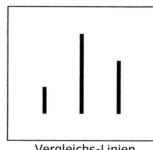

Vergleichs-Linien

Die Teilnehmer sollten nun die Linie benennen, die dieselbe Größe wie die Standard-Linie hatte.

Die eingeweihten Mitspieler benannten alle eine falsche Vergleichs-Linie.

Das überraschende Ergebnis:

| ca. 37% - 45% der tatsächlichen Versuchspersonen | nehmen falsche Meinung an |
|---|---|
| ca. 30% | nehmen falsche Meinung **immer** an |
| ca. 25% | nehmen falsche Meinung nie an |

Warum kommt es zu dieses Ergebnis?

Mögliche Auslegungen zu diesem Verhalten:

- Angst, sich zu blamieren

- Zweifel an sich selbst

- Mangelndes Selbstbewusstsein

- Angst aus der Gruppe ausgeschlossen zu werden

- Bequemlichkeit, um mögliche Diskussionen zu vermeiden

- Herdentrieb

- Gruppenzwang - keiner will auffallen

Im Interview soll der Effekt Konformität bei den Befragten weitgehend vermieden werden, damit die Antworten verwertbar werden.

## Durchführung der Umfrage auf der Straße

*Wer sich über irgendwas eine Minute ärgert, sollte bedenken,*
*dass er dadurch 60 Sekunden Fröhlichkeit verliert*

**Robert Stolz, österr. Komponist**
**(1880 - 1975)**

## „Haben Sie mal eine Minute Zeit?"

Es ist so weit! Alle Vorarbeiten sind abgeschlossen. Nun suchen Sie einen geeigneten Standort.

- Standort.

  → Ungeeignet sind Befragungssorte

  - in praller Hitze

  - im Regen

  - auf Flächen oder Gebäuden, in denen ‚Hausrecht' besteht, zum Beispiel:

    1. in U-Bahn-Stationen

    2. auf Restaurant-Terrassen und vergleichbaren Orten

  - In diesen Fällen muss eine Erlaubnis eingeholt werden, da sonst mit einem Platzverweis gerechnet werden muss oder sogar mit einem Hausverbot.

  - an Stellen, an denen sich <u>sehr viele</u> Menschen drängeln oder sich durch (bauliche) Engpässe zwängen müssen.

### Der Einstieg in die Umfrage

Der Einstieg in die Umfrage ist bereits entscheidend für die gelungene Durchführung. Viele Menschen mögen nicht antworten, weil sie ‚fürchten' letztlich etwas kaufen zu müssen. Um nicht ständig die Antwort: „Ich habe keine Zeit!" zu erhalten, sind die im Folgenden aufgelistete Einstiege vielversprechend:

- Einstieg

  → Die erste Frage / Aussage stellen.

  - „Entschuldigung."

- „Eine Frage zum Euro, bitte."

- „Eine Frage, bitte:"

- „Würden Sie mir zwei Minuten Ihrer Zeit opfern?"

- „Darf ich Sie etwas fragen?"

- „Essen Sie gerne Schokolade?"

- „Mögen Sie Tiere?"

Wir werden es selbstverständlich akzeptieren, wenn Menschen keine Interviews geben wollen. Unschöne Bemerkungen des Interviewers sind nicht angebracht und außerordentlich unhöflich. Ihr positives Verhalten macht es dem Befragten leichter zu antworten.

- Verhalten

  → lächeln (ehrliches Lächeln)

  → Blickkontakt aufbauen

  → körperliche Distanz wahren

Sollten Sie als Team auftreten, gilt:

- Im Team:

  → Nur einer fragt, damit sich der Befragte ganz auf diese Person einstellen kann.

  → Der andere verhält sich so lange non-verbal und steht einen halben Schritt zur Seite.

Treffen Sie auf Paare oder Gruppen, müssten Sie korrekterweise für jede Person einen Fragebogen ausfüllen. Da aber die Befragten sich sicherlich gegenseitig beeinflussen, ist es weitaus besser, nur eine Person eines Paares oder einer Gruppe zu interviewen. Beispiel: Sie treffen auf ein Paar und fragen eine der beiden Personen, wie der Traumpartner aussehen sollte ...

Sind alle Fragen gestellt? Dann folgt die Verabschiedung.

- Ende

  → Bedanken Sie sich für das Gespräch und für die Zeit, die sich der Befragte für das Interview genommen hat.

  → Sagen Sie, wer Sie sind und warum Sie fragen bzw. fragten.

# Das Interview

*Wer sich entschuldigt, klagt sich an*

**Sophronius Eusebius Hieronymus, lat. Kirchenvater
(um 347 - 420)**

## Neugierde ist eine Zier ...

... weiter kommt man ohne ihr. Oder doch nicht? Ohne Neugierde gäbe es wohl keine Fragen. Also scheint die Neugierde der Grund einer Befragung oder eines Interviews zu sein.

Die Form des Interviews wie wir es heute kennen, ist erst rund hundert Jahre alt. Davor, bis in den Ersten Weltkrieg hinein, wurden deutsche Zeitungsleute eher als Chronisten bezeichnet. Kritische Fragen durch Zeitungsleute waren verpönt, und die Zensur tat ihr Übriges. Zur Zeit des Nationalsozialismus wurden Interviews mit NS-Größen als Propagandainstrument missbraucht.

Erst nach dem zweiten Weltkrieg wurde das moderne Interview, auch in Deutschland üblich. Das Interview kann bezeichnet werden als „gesteuerter Dialog zwischen zwei gleichberechtigten Gesprächspartnern".

### Die Vorbereitung

Natürlich verlangt ein sehr gutes Interview eine sehr gute Vorbereitung. Und zwar eine Vorbereitung auf den Interviewten und auf das Thema. Der Interviewer muss sich demnach Gedanken zum Gespräch machen, und das Ziel des Interviews formulieren. Er fragt sich, in welche Richtung sich das Interview entwickeln soll.

Also: Eine gute Vorbereitung ist nötig, aber je mehr sich der Interviewer auf einzelne (vorbereitete) Fragen festlegt, um so weniger spontan wirkt er, um so weniger Abwechslung oder Kreativität, geschweige denn Spontaneität gestaltet das Interview lebhaft.

### Die Gesprächsführung

Manche Interviews hören sich wie regelrechte Verhöre an, andere eher wie harmlose Plaudereien auf der heimischen Couch. Durch die entsprechende Vorbereitung und Zielformulieren wird auch für den Zuhörer eine nachvollziehbare Struktur erkennbar.

Durch den abwechslungsreichen Gebrauch verschiedener Fragearbeiten, wirkt das Interview lebhaft. Auch gilt, dass auf lange Fragen lange Antworten folgen, und auf kurze Fragen kurze Antworten.

Auch ist es möglich, den Themenbereich erst einzugrenzen, indem der Interviewer vor die eigentliche Frage eine kurze Zusammenfassung der Sachlage stellt.

Wird eine persönliche Einschätzung des Interviewten erwartet, wird er direkt – am besten mit Namen – angesprochen.

Der Interviewer sollte mit eigener Meinungsäußerung eher sensibel bis vorsichtig umgehen, da automatisch die Antwort des Interviewers ‚eingefärbt' wird. Deshalb bezieht sich d geschickte Interviewer eher auf Dritte, und gibt deren Meinung wieder. So ist der Interviewer selbst mit seiner Meinung nicht festgelegt, und damit nicht angreifbar.

„Die Bevölkerung ist doch eher der Meinung, dass ...``

Bei unklaren oder ausweichenden Antworten soll der Interviewer nachfragen. Auch wenn er eine Antwort nicht verstanden hat, soll nachgefragt werden, denn es kann davon ausgegangen werden, dass auch die Zuhörer die Antwort dann nicht richtig verstanden haben.

Bittet d Interviewte, bestimmte Aussagen nicht zu veröffentlichen, wird der korrekt arbeitende Interviewer dieser Bitte natürlich entsprechen. Es ist eine Sache der Fairness und ein Punkt des Vertrauens, sich menschlich korrekt dem Interviewpartner gegenüber zu verhalten. Natürlich erübrigt sich dieser Punkt bei Live-Übertragungen.

Übrigens: Auch Interviewer und Journalisten sind ‚nur' Menschen. Wenn diese mal in eine Falle tappen, dann sollen sie direkt den Fehler eingestehen und dann das Gespräch fortführen.

## Die Veröffentlichung des Interviews

Nach Durchführung des Interviews wird der Interviewer das aufgezeichnete Gespräch bearbeiten. Das Gespräch darf in der Wiedergabe gekürzt, die Chronologie geändert und es kann anders gegliedert werden. Auch dürfen Aussagen hervorgehoben werden, solange der Interviewte damit einverstanden ist. Deshalb wird das überarbeitete Gespräch dem Interviewpartner vorgelegt, damit dieser die Möglichkeit hat, der Ausarbeitung zuzustimmen, oder den einen oder anderen Punkt anders darstellen zu lassen. Speziell Politiker und andere Prominente nutzen diese Möglichkeit gerne und machen von ihrem Recht Gebrauch.

## Und wenn Sie interviewt werden ...

Schauen Sie bei einem Live-Interview im TV- Studio niemals direkt in die Kamera schauen, sondern immer zu Ihrem Interviewpartner. Das gilt auch dann, wenn Sie den Eindruck haben, als höre Ihr Interviewpartner Ihnen nicht zu, oder als schaue er an Ihnen vorbei. Das kann zum Beispiel den

Grund haben, dass er die verbleibende Sendezeit auf einer Uhr im Hintergrund checkt.

Neben dem Live-Interview gibt es die Live-Schaltung. Dabei sind Sie mit Ihrem Interviewpartner im Sendestudio lediglich über Monitor und Mikrophon verbunden. Setzen oder stellen Sie sich so, dass sich der Monitor, auf dem Sie Ihren Interviewpartner sehen werden, in Ihrer Augenhöhe aufgestellt ist.

Werden Sie zu einem Statement, also einer knappen Stellungnahme, aufgefordert, können Sie davon ausgehen, dass Ihnen nur eine sehr begrenzte Zeit, meist nicht mehr als 30 Sekunden zur Verfügung steht / stehen. Natürlich müssen die wichtigen Aussagen Ihres Statements in diesen Sekunden getätigt sein.

# Zwei Umfragen aus der Praxis

*Du sollst die Tat allein als Antwort sehen*

**Dante Alighieri, it. Dichter**
**(1265 - 1321)**

## Unterlagen einer ausgeführten Umfrage

### Vorgehensweise

1. Erstellung eines Fragebogens mit Zielfrage

2. Umfrage in Köln (am 2. Juni 2001) erstellt in freundlicher Zusammenarbeit von:

- Cher Ginger Baratta

- Frank Thorsten Ley

- Andreas Brauer

## *Erstellung eines Fragebogens*

- Informationsfragen / taktische Fragen:

→ Geschlossene Fragen:

  ▪ Trinken sie gerne australische Weine?

    1. (Antworten ja / nein! Zielfragen geschlossen, bei gehemmten Gesprächspartnern)

→ Offene Fragen:

  ▪ Wieso ist Ihnen ein gutes Essen so wichtig / unwichtig?

    1. (Stellungnahme / Fragen mit **Warum** erzeugen Aggression)

→ Clusterfragen / Multiple choice / Halboffene Fragen

  ▪ Wie oft gehen Sie im Monat essen?

    1. 1 - 3 pro Monat; 3 - 6 pro Monat; 7 - 15 pro Monat

- Taktische Fragen:

→ Scheinfragen / Rhetorische Fragen

  ▪ Möchten Sie eine 30 % Senkung aller Lebensmittelpreise in Supermärkten?

→ Gegenfrage:

  ▪ Sind Sie nicht doch der Meinung, dass diese Aussagen über BSE sowie Maul und Klauenseuche durch die Medien unnötig übertrieben dargestellt werden?

    1. (Korrektur einer Aussage)

→ Suggestivfragen:

  ▪ Sie werden doch sicherlich gerne von Freunden zum Essen eingeladen, nicht wahr?

    1. (Keywords ('Schlüsselwörter'): nicht wahr, sicherlich, gewiss)

→ Interpretierende Fragen:

  ▪ Aus Ihren Antworten entnehme ich, dass Ihr Lebensstandard maßgeblich durch die Qualität Ihres Speiseplanes beeinflusst wird?

→ Alternative Fragen:

- Welche Speisen in Anlehnung an die Nationalität essen sie am liebsten? Deutsch oder Spanisch

  1. (Die zweitgenannte Alternative wird öfter gewählt)

→ Ja-Fragen:

- Ist Ihnen die hohe Besteuerung auf Genussmittel seitens des Staates nicht auch ein Dorn im Auge?

  1. (Ich will Ja-Fragen erzeugen)

→ Übereinstimmungsfragen

- Sehe ich das richtig, dass ich Sie gerade richtig verstanden ....?

  1. (Richtiges Verständnis des Fragenden)

→ Kontrollfragen

- Haben Sie meine Frage bezüglich des ... verstanden?

  1. (Hat der Antwortende mich verstanden?)

  2. (Halo-Effekt / Eine Frage strahlt auf die nächste Frage aus.)

Strategische Fragen sind insofern von großer Bedeutung für die Erstellung eines Fragebogens, als sie bei korrekter Anwendung innerhalb eines Fragebogens die Befragten dahingehend „manipulieren", alle Fragen ausschließlich mit „ja" oder ausschließlich mit „nein" zu beantworten. Somit kann ich anhand dieser Art von Fragen den Befragten zum Beispiel zu einer kontrollierten Ja- Welle verleiten, um so das gewünschte Ergebnis bei der Zielfrage zu erreichen.

Hierbei spielt die Reihenfolge der Fragen eine entscheidende Rolle. Diese strukturierte Herangehensweise nennt sich Mikro- und Makroplanung.

## Mikro- und Makroplanung Im Fragekatalog

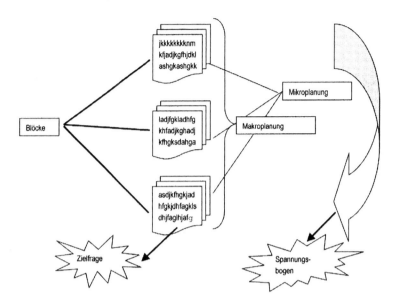

Um einen Fragebogen effizient (wirksam) und innovativ (schaffend / erschaffend) zu gestalten, bedürfen wir der Mikro- und der Makroplanung. Das obere Schaubild zeigt einen Fragebogen. Mikro- und Makroplanung sind deutlich voneinander abzugrenzen. Während sich die Makroplanung mit den einzelnen Sinnabschnitten (Blöcken) beschäftigt, konzentriert sich die Mikroplanung auf die Gestaltung der Fragen an sich. Wir unterscheiden also zwei Sprachebenen. In der Makroplanung werden die kommunikativen Ziele festgelegt und erst in der Mikroplanung werden die eigentlich linguistischen Selektionen vorgenommen. Es wird entschieden, mit welchen Mitteln die Ziele der Makroplanung realisiert werden sollen. Zur Makroplanung gehören u. a. das Durchsuchen von Gedächtnisinhalten, logisches Ableiten sowie Entscheidungen darüber, welche Informationen in welcher Reihenfolge kommuniziert werden sollen. Das heißt nichts andres, als dass die Reihenfolge der entscheidende Faktor ist. Weiterhin ist zu beachten, dass während der Übergänge der Blöcke sogenannte Puffer eingeschoben werden können. Diese haben jedoch für das Ziel keine weitere Bedeutung. Durch den dargestellten Spannungsbogen wird der Befragte wie in einem Sog in einen Trichter gezogen, so dass es für ihn fast kein Entkommen gibt, bezogen auf die Zielfrage. Somit lassen strategisch gut geplante Fragebögen eine Manipulation der befragten Person zu.

## Fragebogen in Form einer Speisekarte:

**Speisekarte**

Genießen einmal anders

**Aperitif**

Es gefällt Ihnen doch sicher, wenn Sie mal nicht zu Hause kochen müssen?

Ja        Nein

Lassen Sie sich gerne von Freunden oder sympathischen Personen in ein schönres Restaurant einladen?

Ja        Nein

Hieraus schließe ich, dass gutes Essen gewiss ein wichtiger Bestandteil Ihrer Lebenskultur ist?

Ja        Nein

Somit sind Sie bei der Auswahl Ihres Speiseplanes durchaus wählerisch?

Ja        Nein

**Vorspeise**

Sind wir uns darüber einig, dass aufgrund von BSE sowie Maul- und Klauenseuche alternative Lebensmittel immer wichtiger werden?

Ja        Nein

Somit haben Sie sich sicherlich schon mal mit diesem Thema und Alternativen beschäftigt?

Ja        Nein

**Hauptgang**

Sie kennen doch gewiss ausgefallene und teilweise exotische Gerichte von anderen Kontinenten, die Sie gerne mal probieren würden?

Ja        Nein

Ich sehe das doch richtig, dass Sie aufgrund Ihrer schon gegebenen Antworten kein langweiliger 08/15 Esser sind, sondern ein in allen Belangen interessanter Typ?

Ja        Nein

**Dessert**

Dann möchten Sie jetzt sicherlich eine unserer kleinen Delikatessen kosten?

Ja        Nein

**Guten Appetit**

| * | ** | *** | / | 1 | 2 | 3 |
|---|----|----|----|---|---|---|

0-19 / 20- 29 / 30- 39 / 40- 49 / 50- 59 / 60- (.....)

Sonstiges

## *Vorbereitung für den Tag der Umfrage*

- Fertigstellung des Fragebogens

  → Struktur des Fragebogens

  → Eindeutige und kurze Fragen

  → Idealerweise ein Probedurchlauf vor dem Tag des Interviews

- Formalien / Organisation

  → Annährung/ Ansprache des Befragten

  → Eigene Vorstellung (zum Beispiel Cologne Business School/ Rhetorikprojekt)

  → Fragebögen nach Namen der Interviewer kennzeichnen

  → Namensschilder mit dem Logo der CBS / Ihrem Namen/ Fach (Rhetorik)

  → Beispiel

## *Tag der Umfrage*

- Wahl des Standortes

  → Private Grundstücke und Eingänge zum Beispiel Kaufhof oder Restaurants vermeiden

  → Menschenmassen und hektische Orte vermeiden zum Beispiel Schildergasse in Köln oder Bahnstation

- Verhalten

  → Immer höflich bleiben / Ablehnung akzeptieren

→ Nicht aufgeben

## *Auswertung*

Die Zielfrage: Verkostung der asiatischen Delikatessen beantworteten mit

- ja 23 Befragte, mit

- nein 4 Befragte

## *Auswertung / Vermischtes*

- Von 27 Befragten waren 4 nicht bereit unsere Delikatesse zu probieren

- Hierbei war sehr auffällig, dass diese 4 befragten Personen nach unseren entwickelten Skalen für soziale Schichtung und Auftreten / Intelligenz die alleinigen Schlusslichter bildeten.

- 2 dieser Befragten waren überhaupt nicht am Thema „Essen" interessiert und lebten nach dem Motto ich esse, was auf den Tisch kommt, es muss nur deutsche Hausmannskost sein.

- Ein Befragter weigerte sich mit der Rechtfertigung: „Ich esse nur Nudeln mit Ketchup."

- Die 4. Person hatte eine starke Abneigung gegen asiatische Küche.

- Die 23 befragten Personen repräsentierten alle Altersklassen, die soziale Schichtung sowie das Auftreten bzw. die Intelligenz dieser Testpersonen wurde von uns ausschließlich mit 2 oder 3 Sternen beurteilt. Des weiteren erschienen uns diese Befragten als sehr aufgeschlossen und höflich. Hierbei darf nicht unerwähnt bleiben, dass sich aufgrund unserer Namensschilder sowie unserer Vorstellung – Wir kommen von der Cologne Business School (...) / Im Zuge unseres Rhetorikprojektes für die Cologne Business School (...) – schnell eine Vertrauensbasis aufbauen ließ.

Die hygienische und appetitliche Präsentation unserer asiatischen Speisen war mit dem obengenannten Punkt sicherlich mit ein ausschlaggebender Faktor für die positive Beantwortung unserer Zielfrage.

Fazit: Der von uns auf der Grundlage des Rhetorikunterrichtes ausgearbeitete Fragebogen sowie die erlernten Techniken der Ansprache von Testpersonen bescherten uns am Tag des Interviews eine positive Überraschung. Der Tag des Interviews war somit ein voller Erfolg!

Foto vom Tag unseres Interviews

Unser Team

# Unterlagen einer ausgeführten schriftlichen Umfrage (Auszug)

*Melanie Kremer*

## Fragebogen zur Attraktivität von Unternehmen auf dem Arbeitsmarkt

### Zur Information:

Der Fragebogen wurde Studenten aus einer privaten Universität vorgelegt. Nach einführendem Text, in dem die Gründe zur Befragung dargestellt wurden. Die Studenten wurden darüber informiert, dass die Fragen so aufgebaut sind, dass in einer Skala von 1 (= überhaupt nicht wichtig) bis 7 (= sehr wichtig) gewertet werden kann.

### Der Fragebogen:

1) Wo werden Sie sich nach Abschluss des Studiums bewerben?

_____

_____

_____

### Fragen zur Personalpolitik:

2) Gestaltung der Arbeitszeit

Mein Einfluss auf die Gestaltung meiner Arbeitszeit ist für mich die Attraktivität des Unternehmens als meinem zukünftigen Arbeitgeber.

| 1 | 2 | 3 | 4 | 5 | 6 | 7 |
|---|---|---|---|---|---|---|

3) Karriereperspektiven

Damit ich ein Unternehmen als meinen Arbeitgeber attraktiv finde, sind die Karrieremöglichkeiten, die sich mir bieten:

| 1 | 2 | 3 | 4 | 5 | 6 | 7 |
|---|---|---|---|---|---|---|

Dass ich meine Karriere aktiv planen kann und weiß, was ich tun muss, um in eine höhere Position aufsteigen zu können, ist mir:

| 1 | 2 | 3 | 4 | 5 | 6 | 7 |
|---|---|---|---|---|---|---|

4) Gehalt

Die Höhe des mir gezahlten Gehaltes für mich für die Attraktivität eines Unternehmens als meinem potentiellen Arbeitgeber:

| 1 | 2 | 3 | 4 | 5 | 6 | 7 |
|---|---|---|---|---|---|---|

5) Gestaltung des Arbeitsplatzes

Mein Einfluss auf die Gestaltung meines Arbeitsplatzes (z. B. Anordnung der Arbeitsgeräte, farbliche Gestaltung usw.) ist für mich die Attraktivität des Unternehmens als meinem zukünftigen Arbeitgeber:

| 1 | 2 | 3 | 4 | 5 | 6 | 7 |
|---|---|---|---|---|---|---|

6) Zusätzliche freiwillige Sozialleistungen

Damit ich ein Unternehmen als meinen potentiellen Arbeitgeber attraktiv finde, ist für mich das Angebot an folgenden zusätzlichen freiwilligen Sozialleistungen jeweils:

| freiwillige Sozialleistung | 1 | 2 | 3 | 4 | 5 | 6 | 7 |
|---|---|---|---|---|---|---|---|
| Kinderbetreuung | | | | | | | |
| Beteiligung am Unternehmensgewinn | | | | | | | |
| Unterstützung bei dienstlich bedingten Umzügen | | | | | | | |
| Betriebsparkplätze | | | | | | | |
| Bereitstellung eines Dienstwagens | | | | | | | |
| Job-Ticket | | | | | | | |
| Kantine | | | | | | | |
| Zuschuss zum Kantinenessen | | | | | | | |
| Sportvereine und Freizeitgruppen | | | | | | | |

| | | | | | | | |
|---|---|---|---|---|---|---|---|
| Angebot von Ruheräumen für die Mitarbeiter | | | | | | | |
| Betriebseigene Krankenkasse | | | | | | | |
| Krankenzusatzversicherung | | | | | | | |
| Unfallversicherung | | | | | | | |
| Lebensversicherung | | | | | | | |
| Berufsunfähigkeitsversicherung | | | | | | | |
| Gesundheitsberatung | | | | | | | |
| Vermögenswirksame Leistungen | | | | | | | |
| Betriebsrenten | | | | | | | |
| Betriebliche Sozialfonds | | | | | | | |
| Kündigungsschutz für ältere und lang beschäftigte Arbeitnehmer | | | | | | | |
| Abfindung bei Kündigung durch das Unternehmen | | | | | | | |
| Erweiterte Entgeltfortzahlung im Krankheitsfall | | | | | | | |
| Rechtsberatung | | | | | | | |
| Steuerberatung | | | | | | | |
| Arbeitgeberdarlehen | | | | | | | |
| Günstiger Bezug von Produkten und Leistungen des Unternehmens | | | | | | | |
| Jubiläumszuwendungen | | | | | | | |
| Weihnachtsgeld | | | | | | | |
| Urlaubsgeld | | | | | | | |
| Berufsunterbrechungsmodelle (z. B. Sabbatical) | | | | | | | |
| Vorruhestand | | | | | | | |
| Verlängerter Erziehungsurlaub | | | | | | | |
| Sonstiges: | | | | | | | |

Damit ich ein Unternehmen als meinen potentiellen Arbeitgeber attraktiv finde, ist für mich ein Angebot an freiwilligen Sozialleistungen:

| 1 | 2 | 3 | 4 | 5 | 6 | 7 |
|---|---|---|---|---|---|---|
| | | | | | | |

7) Betriebliche Mitbestimmung

Für die Attraktivität eines Unternehmens als meinem potentiellen Arbeitgeber ist für mich die Möglichkeit zur betrieblichen Mitbestimmung durch einen Betriebsrat:

| 1 | 2 | 3 | 4 | 5 | 6 | 7 |
|---|---|---|---|---|---|---|

8) Auslandseinsatz

Dass mir mein potentieller Arbeitgeber die Chance gibt, eine Zeit lang im Ausland zu arbeiten, ist mir:

| 1 | 2 | 3 | 4 | 5 | 6 | 7 |
|---|---|---|---|---|---|---|

Wenn ich die Möglichkeit eines Auslandseinsatzes bekäme, dann würde ich gerne in folgendem Wirtschaftsraum arbeiten: (Mehrfachnennungen möglich)

☐ Australien/Neuseeland     ☐ Südostasien          ☐ Lateinamerika

☐ USA                       ☐ Nordafrika           ☐ Westeuropa

☐ Osteuropa                 ☐ Westliches Asien     ☐ Südliches Afrika

9) Trainings- und Fortbildungsmöglichkeiten

Dass mir regelmäßig Trainings- und Fortbildungsmöglichkeiten geboten werden, ist für mich für die Attraktivität eines Unternehmens als mein Arbeitgeber:

| 1 | 2 | 3 | 4 | 5 | 6 | 7 |
|---|---|---|---|---|---|---|

Dabei wären mir folgende Arten von Training und Fortbildung (1 = überhaupt nicht wichtig, 4 = egal, 7 = sehr wichtig)

| Art des Trainings / der Fortbildung | 1 | 2 | 3 | 4 | 5 | 6 | 7 |
|---|---|---|---|---|---|---|---|
| Training on the job (am Arbeitsplatz) | | | | | | | |
| Training off the job (außerhalb der Arbeitszeit) | | | | | | | |
| Training into the job (Einführung in den Job) | | | | | | | |
| Training out of the job (bei Verlassen oder Wechseln des Arbeitsplatzes) | | | | | | | |
| Fachliches Training | | | | | | | |
| Training der Kommunikationsfähigkeiten | | | | | | | |

| | | | | | | |
|---|---|---|---|---|---|---|
| Training von Führungsverhalten | | | | | | |
| Rhetoriktraining | | | | | | |
| Training von Zeitmanagement | | | | | | |
| Verkaufstraining | | | | | | |
| Training von Konfliktlösungstechniken | | | | | | |
| Training von Projektmanagement | | | | | | |
| Training von Teamfähigkeit | | | | | | |
| Training zur individuellen Stressbewältigung | | | | | | |
| Fremdsprachentraining | | | | | | |
| Vorbereitung auf Auslandsaufenthalte | | | | | | |
| Kulturtraining (z.B. vor Auslandseinsätzen) | | | | | | |
| Motivationstraining | | | | | | |
| MBA-Programme | | | | | | |
| Sonstiges: | | | | | | |

Die Trainings- bzw. Fortbildungsmaßnahmen sollten in folgenden Zeiträumen erfolgen (nur 1 Nennung möglich)

☐ mindestens 1x pro Monat      ☐ mindestens 1x im Jahr

☐ mindestens alle 3 Monate      ☐ mindestens alle 2 Jahre

☐ mindestens alle 6 Monate      ☐ mindestens alle 3 Jahre

...

17) Produkte und Services des Unternehmens

Für die Attraktivität eines Unternehmens als meinem potentiellen Arbeitgeber sind mir die Art der vom Unternehmen auf dem Markt angebotenen Produkte und Services:

| 1 | 2 | 3 | 4 | 5 | 6 | 7 |
|---|---|---|---|---|---|---|

Für die Attraktivität eines Unternehmens als meinem potentiellen Arbeitgeber ist mir eine „starke Marke" des Unternehmens:

| 1 | 2 | 3 | 4 | 5 | 6 | 7 |
|---|---|---|---|---|---|---|

18) Folgende Unternehmen erscheinen mir als mein potentieller Arbeitgeber besonders attraktiv:

1. _____

2. _____

19) Meine Informationen über die Unternehmen nehme ich aus:
(Mehrfachnennungen möglich)

☐ eigener Arbeitserfahrung        ☐ aus Bewerbungsgesprächen

☐ als Praktikant/in        ☐ als Festangestellte/r

☐ als Auszubildende/r        ☐ als Trainee

☐ Sonstiges: _____

☐ Informationsmaterial des Unternehmens (Broschüren, Prospekte, Jahresreporte usw.)

☐ Informationen der unternehmenseigenen Homepage

☐ andere Informationen aus dem Internet

☐ Zeitschriften, wenn ja, welche? _____

☐ Fachzeitschriften, wenn ja, welche? _____

☐ Zeitungen, wenn ja, welche? _____

☐ Messen, wenn ja, welche? _____

☐ Stellenanzeigen des Unternehmens

☐ TV-Beiträgen

☐ Radio-Beiträgen

☐ allgemeine öffentliche Einschätzungen über das Unternehmen

☐ Informationen durch meine Bekannten, die in besagtem Unternehmen arbeiten

☐ Sonstiges _____

Meinen Informationsstand über die Unternehmen, die ich als attraktiv empfinde, würde ich folgendermaßen bezeichnen: (1 = gar keine Kenntnisse, 4 = mittelmäßig informiert, 7 = sehr präzise Kenntnisse)

| 1 | 2 | 3 | 4 | 5 | 6 | 7 |
|---|---|---|---|---|---|---|

# Kapitel 11 - Manipulation durch Statistik?

## *Lügt die Statistik?*

*Ich traue nur einer Statistik, die ich selbst gefälscht habe*

**(angeblich) Sir Winston Churchill, brit. Premierminister**
**(1874 - 1965)**

## Fälschung oder Wahrheit?

Soll das bedeuten, dass Statistiken grundsätzlich gefälscht sind? Wollen wir uns lieber darauf einigen, dass statistische Angaben auf verschiedene Arten gelesen werden können. Die Angaben können auf bestimmte Art verknüpft werden, so dass das Ergebnis unterschiedlich ausfallen kann.

Manchmal können wir annehmen, dass wir zahlengläubig sind. In der Regel wird eine statistische Zahl nicht angezweifelt. Wenn Sie als Moderator sagen, der Preisindex für die Lebenshaltung (Basis 1995 = 100) bei den alkoholischen Getränken und Tabakwaren im Jahr 2000 bei 107,5    liegt (in allen deutschen Haushalten; Quelle: Statistisches Bundesamt vom 31.05.2001), dann wird der Gesprächsteilnehmer diese Zahl im Allgemeinen auch akzeptieren. Der Zahl wird geglaubt! Der Gesprächsteilnehmer wird nicht annehmen, dass die Zahl statt 107,5 etwa 108,5 oder 106,5 lauten müsste.

Als Moderator können Sie sich den Glauben an die Zahl zu Nutze machen. Nämlich:

- die Zahl wird genannt

- der Zahl wird geglaubt

Ihre Aussage folgt

- und dieser Aussage wird nun auch geglaubt (weil die Zahl ja als ‚Wahrheit' definiert wurde)

Die Quelle der statistischen Angabe kann, muss aber nicht genannt werden. Steht als Quelle zum Beispiel ein seriöses Nachrichtenmagazin, so verstärkt sich der gewünschte Effekt erheblich.

Daraus folgt: um unsere Aussage zu stützen (oder gar zu unterstreichen), fügen wir eine statistische Angabe ein.

Dabei beachten wir:

- eine, zwei, maximal drei statistische Zahlen zur selben Angabe

- bei Zahlen mit vielen Ziffern (wenn möglich auf- bzw. abrunden)

  → statt 3.724.624 lieber ca. 3,7 Millionen

  → statt 0,8769 lieber ca. 0,88

- das Wort ‚Statistik' oder ‚Umfrage' hinzufügen

  → „laut Statistik ..." oder

  → „statistisch gesehen ..."

- Quellenangabe nur bei ‚seriöser' Quelle

- Angabe kann lustig auf die Zuhörer wirken

  → „X % der Deutschen schlafen nackt".

## Auswertung der gesammelten Daten

In der Statistik werden folgende Begriffe verwendet:

- Mittelwert

  → Der Mittelwert ist die Summe aller Werte, geteilt durch die Anzahl der Einzelwerte (der Befragten).

- Median

  → Der Median halbiert die Messreihe nach der Anzahl der Einzelwerte (der Befragten) halbe-halbe (50 % zu 50 %).

- Modus

  → Modus ist der Nennwert, der am häufigsten vorkommt.

Beispiel:

Frage: „Welche Note (deutsches Schulsystem) geben Sie der TV-Sendung ABC?"

| Note | 1 | 2 | 3 | 4 | 5 | 6 | Summe |
|------|-----|-------|-------|--------|--------|-------|-------|
| Anzahl | 5 | 4 | 7 | 19 | 20 | 5 | 60 |
| | 5 x 1 | 4 x 2 | 7 x 3 | 19 x 4 | 20 x 5 | 5 x 6 | |
| Wert | 5 | 8 | 21 | 76 | 100 | 30 | 240 |

n = Anzahl der Befragten (Einzel-Werte), die diese Note angaben.

Aus dieser Tabelle ergibt sich für den:

- Mittelwert

  → 240 geteilt durch 60 gleich 4,0

- Median

  → Gleich viel Einzel-Werte liegen rechts und links der Mitte. Hier ergibt sich 4,5

- Modus

  → Die meist genannte Wertung ist gleich 5,0

Wir sehen, dass je nach Begriff, eine Zahl zwischen 4,0 und 5,0 entsteht. Wie mit den Ergebnisse manipuliert werden kann, wird im folgenden Kapitel gezeigt.

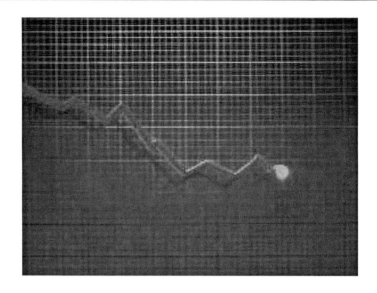

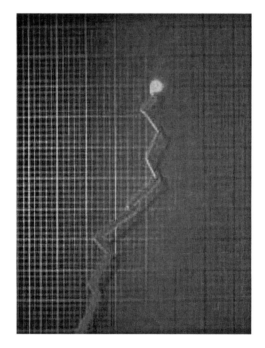

# Manipulation oder geschickte Darstellung der Ergebnisse?

*Keine Statistik kann wirklich die Anzahl von einsamen Menschen widerspiegeln*

**Damaris Wieser, dt. Dichterin**
**(*1977)**

## Echte Manipulation durch Statistik?

In den folgenden Beispielen gehen wir von bewusster Manipulation aus. Ob Sie als Dozent / Dozentin es möchten, so zu manipulieren, ist natürlich Ihre Entscheidung.

Viel wichtiger für uns ist, dass Sie erkennen können, wenn Sie von Gesprächspartnern manipuliert werden, damit Sie entsprechend reagieren können.

Wir beziehen uns in den folgenden Beispielen auf die Zahlen, die im vorangegangenen Kapitel aufgelistet sind.

| Ergebnis | Aussage |
|---|---|
| 1 | „Statistisch gesehen ergibt sich eine Durchschnittszahl von 4,0 für die bewertete Sendung." |
| 2a | „Die meisten Wertungen fielen auf die Note 5,0" |
| 2b | „Die meisten Befragten (35 von 60) bewerteten die Sendung mit einer guten Note (zwischen 1 und 4)." |
| 3a | „Die Hälfte der Befragten gibt der Sendung eine Note zwischen 1 und 4,5." |
| 3b | „Die Hälfte der Befragten gibt der Sendung eine Note zwischen 4,5 und 6." |
| 4a | „Immerhin 26,6 % (16 von 60) der Befragten gibt der bewerteten Sendung die Note 1 bis 3." |
| 4b | „Nur etwa 1/4 (16 von 60) der Befragten gibt der bewerteten Sendung die Note 1 bis 3." |
| 5a | „41,6 % (25 von 60) der Befragten bewertet die Sendung mit der Note 5 oder 6." |
| 5b | „Fast die Hälfte der Befragten (25 von 60) bewertet die Sendung mit der Note 5 oder 6." |
| 6a | „Nur 5 Personen gaben der bewerteten Sendung die Note 6." |
| 6b | „Immerhin fast 10 % (8,33 %) gaben der bewerteten Sendung die sehr gute Note 1." |
| 6c | „Immerhin gab jeder 12te der bewerteten Sendung die sehr gute Note 1." |

Nicht zu vergessen: Es wurden immer die selben Ergebnisse benutzt.

Tipp - Training: Suchen Sie sich eine x-beliebige statistische Angabe. Verwenden Sie diese Zahl zum einen verstärkend und zum anderen negativ für Ihr vorher festgelegtes Thema.

## Geschickte Darstellung der Ergebnisse?

Folgendes Ergebnis ergab sich bei einer (fiktiven) Umfrage:

| Dafür | 15 |
|-------|-----|
| Egal | 55 |
| Dagegen | 30 |

Wie lässt sich das Ergebnis (ohne zu lügen) darstellen?

- „Nur 15 % sind dafür."

- „70 % sind nicht dagegen."

- „30 % sind dagegen."

- „85 % sind nicht dafür."

- „Doppelt so viele sind dagegen wie dafür."

Unabhängig davon lässt sich jede statistische Zahl sowohl positiv wie auch negativ einsetzen.

(Fiktives) Beispiel:

- Zehn Prozent der Kölner bevorzugen Vorschlag A.

Auslegung und Darstellung:

- „Nur 10 % der Kölner bevorzugen Vorschlag A. Das ist deutlich die Minderheit der Kölner."

- „Immerhin 100.000 Kölner bevorzugen Vorschlag A. Stellen Sie sich diese ungeheuere Menschenmenge auf der Straße vor."

Ein weiteres Beispiel:

Folgendes Ergebnis ergab sich bei einer (fiktiven) Umfrage: „Wie gefiel Ihnen der Film?"

|  | Angaben in % |
|---|---|
| gut | 65 |
| schlecht | 35 |

Offensichtlich fand die Mehrheit der Befragten den Film gut.

Ergebnis: Deutlich mehr gut als schlecht.

Schauen wir uns doch mal an, wie eventuell anders gewertet worden wäre, hätte es statt nur zwei Alternativen (gut / schlecht) drei Alternativen gegeben:

| sehr gut | 30 |
|---|---|
| gut | 35 |
| schlecht | 35 |

Ergebnis: Gleich viel gut wie schlecht.

Oder bei sechs Möglichkeiten der Antwort:

| sehr gut | 30 |
|---|---|
| gut | 20 |
| eher gut | 15 |
| eher schlecht | 5 |
| schlecht | 25 |
| sehr schlecht | 5 |

Ergebnis: Mehr schlecht als gut.

Das bedeutet: Je nach dem, wie bereits die Daten erfasst werden (nur zwei Möglichkeiten zu antworten, oder sechs Möglichkeiten), kann es zu deutlichen (sogar gegensätzlichen) Ergebnissen kommen.

Je nach dem, in welcher Richtung Sie manipulieren wollen, können Sie die Felder mit den möglichen Optionen ändern. Offensichtlich so weit, um genau das Gegenteil auszusagen, was ursprünglich korrekt war.

Um klarzustellen: Der Leser soll hier nicht dazu gebracht werden zu manipulieren - aber er soll erkennen können, wo oder wie ihm Manipulationen untergeschoben werden könnten, und dass er darauf reagieren kann.

## Ist 2 mal 2 gleich 2 hoch 2?

Der Durchschnittseuropäer verspeiste im Jahre X 100 Schweineschnitzel. Im Jahre Y verspeiste er doppelt so viel, nämlich 200 Schnitzel. Es ergibt sich folgende bildhafte Darstellung:

Jahr X                    Jahr Y

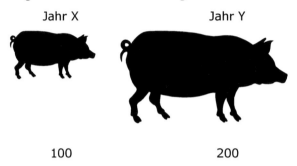

100                       200

Richtig? Nein – falsch. Und weshalb? Weil das zweite Tier nicht in der richtigen Relation dargestellt wurde.

Das rechte Schwein ist nicht zwei mal so groß wie das erste, sondern vier mal. Denn es wird in die Breite und in die Höhe verdoppelt. 2 mal 2 ist nicht 2 hoch 2.

Verdeutlichen wir es mit Vierecken.

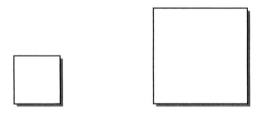

Doppelt sieht aber so aus:

Oder so:

Aber eben nicht so:

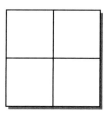

Die bildhafte Darstellung unseres Schweins ist eher so korrekt:

In Wirklichkeit sind die Zahlen eher selten genau 100 und 200, sondern möglicherweise 97 und 213, so dass die Manipulation noch schwieriger zu erkennen ist.

Beim dreidimensionalen Muster kommt die dritte Dimension hinzu, so dass sich eine Größe nicht nur vervierfacht, sondern gleich potenziert, nämlich 8-fach.

## „*Es geht radikal bergauf*"

„Das können Sie ganz deutlich hier an dieser Grafik erkennen, die ich Ihnen, sehr verehrte Damen und Herren, vorbereitet haben. Bitte schauen Sie hier. Beeindruckend, nicht?" Mit diesen Worten deutet der Sprecher auf die Grafik, ein bewunderndes Raunen geht durch die Zuhörerschaft.

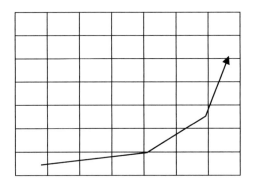

Sieht ja auch beeindruckend aus, diese Grafik.

Allerdings sind keine Koordinaten-Beschriftungen zu erkennen. Wenn die y-Achse nach unten gezogen wird, ergibt sich schon dieses Bild:

Oder gar so:

Nicht mehr so beeindruckend? Dann ziehen wir die Abstände auf der x-Achse noch weiter auseinander und erhalten dieses Bild:

Die Pfeilspitze signalisiert noch ein deutliches ‚es geht weiter bergauf'

Und diese Grafik erfreut uns höchstens noch dann, wenn dargestellt wird, wie wenig die Kosten gestiegen sind in den letzten drei Jahren ...

Und für unsere Aktionäre greifen wir auf die ursprüngliche Darstellung, mit leicht zusammengezogene x-Achse zurück.

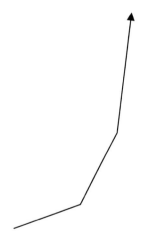

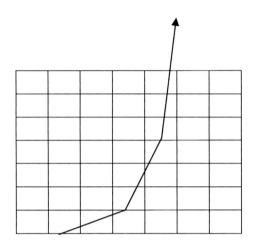

Überzeugt?

## Das Kreisdiagramm

**"Sind Sie der Meinung, dass ..."**

- egal
- ja
- nein

Wie lesen Sie das oben abgebildete Kreisdiagramm?

- Die Mehrheit der Befragten sind dafür (49 %)

- Die Mehrheit der Befragten sind dagegen oder es ist ihnen egal (51 %)

- Nur 9 % haben mit ‚nein' abgestimmt

Wirkt Ihnen das Beispiel zu extrem? Können Sie sich vorstellen, dass Sie nur beim Lesen der beiden Aussagen „Die Mehrheit ..." zu jeweils ganz anderem Bild kommen, wenn Sie keine weiteren Einzelheiten kennen. Und nicht vergessen: Die beiden Aussagen stimmen ja, auch wenn Sie mehr oder weniger ein Gegenteil ausdrücken.

## Alle sind die besten

| Bundesland | Fläche in 1000 qkm | Einwohner in Tausend | Hauptstadt | Bewohner in Tausend | Einwohner je km² |
|---|---|---|---|---|---|
| Baden-Württemberg | 35,8 | 10.476 | Stuttgart | 582 | 293 |
| Bayern | 70,5 | 12.155 | München | 1.195 | 172 |
| Berlin | 0,9 | 3.387 | Berlin | 3,387 | 3.799 |
| Bremen | 0,4 | 663 | Bremen | 540 | 1.640 |
| Mecklenburg-Vorpommern | 23,2 | 1.789 | Schwerin | 1.784 | 77 |
| Nordrhein-Westfalen | 34,1 | 18.000 | Düsseldorf | 569 | 528 |
| Sachsen | 18,4 | 4.460 | Dresden | 477 | 242 |

- Nordrhein-Westfalen ist das Bundesland mit der höchsten Bevölkerungszahl.
- Bayern ist das Bundesland mit der größten / kleinsten ... in Deutschland.
- Berlin ist das Bundesland mit der Landeshauptstadt der höchsten Einwohnerzahl.
- Saarland ist das Bundesland mit der größten / kleinsten ... in Deutschland.
- Mecklenburg-Vorpommern ist das Bundesland mit den wenigstens Einwohnern pro km².

(Alle Angaben beziehen sich auf Deutschland; Daten des statistischen Bundesamtes 1999)

Übrigens:

- 90 % aller Patienten überleben (Hört sich besser an als)
- 10 % aller Patienten sterben
- oder: 10 % aller Patienten im Krankenhaus sterben (also: gehe nicht ins Krankenhaus)

Nochmals Übrigens:

- Das bisher schlimmste Unwetter
- der heißeste 1. Februar seit 53 Jahren (was war am 2. Februar?)

# Und zu guter Letzt

## *Berliner Rede (Auszug) am 12. Mai 2000 durch Johannes Rau, deutscher Bundespräsident*

Meine Damen und Herren,

30 Prozent aller Kinder an deutschen Schulen stammen aus zugewanderten oder kürzlich eingebürgerten Familien. An manchen Schulen sind es sogar 60 Prozent und mehr. 1997 und 1998 haben mehr Menschen aus anderen Ländern Deutschland verlassen, als Menschen neu zu uns gekommen sind. Von 1990 und 1998 haben 50 Prozent aller Asylbewerber innerhalb der Europäischen Union in Deutschland um Asyl nachgesucht. 1999 war es ein gutes Viertel. Von allen, die bei uns Asyl suchen, werden vom zuständigen Bundesamt etwa 4 Prozent anerkannt. Allein Türken haben in Deutschland etwa 50.000 Betriebe gegründet und 200.000 Arbeitsplätze geschaffen. Der deutschen Wirtschaft werden in Zukunft qualifizierte Arbeitskräfte fehlen. …

## *Die besten Weltraum-Geschichten*

Ende Januar auf Vox haben die Konkurrenzsender in getrennten Umfragen ermittelt, wer die besten Weltraum-Geschichten liefert. Das Ergebnis fällt für die jeweiligen Auftraggeber wunschgemäß aus: Mal liegen die Kirch-Sender Sat.1 und ProSieben vorn (Forsa), dann wieder führt RTL II (Enigma). Quelle: Der Spiegel 4/2002, S. 103

## Die deutsche Frau genießt und schweigt

Übriges: Die deutsche Frau genießt und schweigt. Und so stand es in der Zeitung: Laut einer repräsentativen Umfrage des Forsa-Instituts unter 1000 Frauen im Alter zwischen 20 und 60 Jahren für die Zeitschrift ‚Marie Claire' bringt es jede deutsche Frau es im Laufe ihres Lebens auf durchschnittlich 4,4 Liebhaber

Nur vier Jahre zuvor ergab eine ähnliche Umfrage als Ergebnis nur 3,4 Liebhaber, und dass 47 % [1] aller Frauen schon mal (wenigstens) einen Liebhaber hatten. Und immerhin gaben 3 % der Frauen an, 11 oder mehr Liebhaber gehabt zu haben. Kaum zu glauben, aber sogar 7 % der befragten Frauen gaben zu Protokoll, schon einmal 2 Liebhaber [2] gleichzeitig genossen zu haben.

Jede 10. Frau habe nach der Untersuchung schon einmal mit einem verheiratetem Mann geschlafen - wobei allerdings nicht der eigene gemeint war. Daran, ihren Partner schon einmal betrogen zu haben, erinnerten sich 8 % der Befragten.

Anmerkung des Verfassers:

[1] Dabei ist es unklar ob die restlichen Frauen, nämlich 53 %, ohne Liebhaber waren? Oder soll es heißen, sie hatten in ihrem ganzen Leben nur einen Liebhaber und keinen mehr?

[2] Die Statistik sagt nicht, ob es sich hierbei um eine ‚Orgie' handelt, oder ob die Frauen über einen bestimmten Zeitraum zwei Liebhaber hatten! Das Wort gleichzeitig ist hier nicht eindeutig.

## Körpersprache ... und ihre Geheimnisse

Es ist schon lange kein Geheimnis mehr, dass in der zwischenmenschlichen Kommunikation die Körpersprache einen entscheidenden Einfluss nimmt. Da die Sprache des Körpers die ,Wahrheit sagt', lassen sich aus Gesten, Mimik und Körperhaltung des Gegenübers interessante Hinweise ablesen.

Körpersprache ... und ihre Geheimnisse,

Horst Hanisch,

ISBN 3-8311-1033-6

Euro 17,90, 184 Seiten A4, kartoniert, ca. 290 Fotos

## Knigge für Beruf und Karriere

Der Taschenguide sagt Ihnen, wie Sie stilsicher und souverän auftreten; Wie Sie vom Geschäftsessen bis zum Empfang gute Manieren beweisen, und wie Sie Gespräche so führen, dass Ihre Gesprächspartner sich gerne an Sie erinnern.

Knigge für Beruf und Karriere,

Horst Hanisch,

ISBN 3-448-04702-3

Euro 6,60, 128 Seiten A6, kartoniert, Zeichnungen

## Techniken zur Präsentation

**Techniken zur Präsentation –**

für Lehrer, Dozenten, Trainer, Präsentierende und Coaches

Sich mal eben hinstellen und loslegen ist für einige kein Problem, für andere eine große Herausforderung. Ziel des Buches ist es, dem Leser Möglichkeiten zu zeigen, wie eine Präsentation zielorientiert umgesetzt werden kann.

Techniken zur Präsentation,

Horst Hanisch,

ISBN 3-89314-682-2

Euro 12.70, 180 Seiten A5, kartoniert, Zeichnungen

## The Winner - hilfreiche Schritte zur Persönlichkeitsentfaltung

**The Winner –**

hilfreiche Schritte zur Persönlichkeitsentfaltung im Lehr- und Lernprozess

In der heutigen Zeit werden die so genannten ‚soft skills' immer ausschlaggebender. Zum guten Ton gehört deshalb dazu, zu wissen, wie Sie überzeugt und überzeugend auftreten, und wie Sie menschlich und emotional richtig miteinander umgehen.

The Winner,

Horst Hanisch,

ISBN 3-89314-683-0

Euro 12.70, 180 Seiten A5, kartoniert, Zeichnungen

## Rhetorik ist Silber

**RHETORIK IST SILBER**

**GRUNDLAGEN DER MODERNEN RHETORIK**

Von den ersten Schritten zur perfekten Präsentation

Das Buch zeigt dem Leser auf, was unter modernen Rhetorik zu verstehen ist, und wie verbal und non-verbal erfolgsversprechend präsentiert werden kann. Der Inhalt ist u. a. in folgende Themen:

Von der Rhetorik zur Präsentation - Von der Begrüßung bis zur Verabschiedung - Passende Struktur in der Präsentation - Die Kommunikation mit allen Sinnen - Vom einzelnen Wort bis zum zusammenhängenden Satz - Interaktion mit den Zuhörern - Umgang mit Lampenfieber und Stress - Kleine Zitaten-Sammlung

Rhetorik ist Silber,
Horst Hanisch,
Euro 15,90, ca. 220 Seiten A5, kartoniert, Zeichnungen

## Und weitere Fachbücher ...

- Vorstellungs-Techniken und Bewerbungs-Training

- Zimmer und Etage

- Kunstvollen Servietten brechen

- Checklisten für Feiern

- Gastronomischer Knigge

- Kulinarischer Knigge

- Knigge für junge Leute

- Beruflicher Knigge

http://www.komm21.de                    info@komm21.de

# Offenes Knigge-Kompakt-Seminar
## Business-Etikette und das ‚wie isst man/frau was' Menü

Wer hat beruflich wie privat nicht gerne mit Menschen zu tun, die gewisse Umgangsformen beherrschen? Moderne Umgangsformen sind heute wieder gefragt. Beruflich wie privat kommen wir erfahrungsgemäß mit dem 'Tüpfelchen auf dem i' wesentlich weiter. Außerdem ist es angenehm, sich (selbst-) sicher und frei mit und unter anderen Menschen zu bewegen.
Das gemeinsame Ziel: Aktuelle Umgangsformen und korrekte Tischmanieren zu bestehendem Wissen zu ergänzen.

### *Aus dem Inhalt:*

- Business-Etikette: Der Erste Eindruck, Vorstellen, Begrüßen, Händedruck, Anrede, Rang- und Reihenfolge, Visitenkarte, Geheimnisse der Körpersprache, Gestik, Mimik, Lächeln, Blickkontakt.

- Der Aperitif und der Small-Talk: Sektflaschen öffnen, halten des Glases, zuprosten, Small-Talk führen, Tabu-Themen.

- Verhalten bei Tisch: Platzierung, wer geht wo, Lehrmenü mit ‚Schikanen', bearbeiten der Speisen mit Händen und Bestecken, Weinflaschen öffnen, einschenken, Probeschluck.

- Lehrmenü: Riesen-Garnele; Spaghetti; Lachsforelle; Exotische Früchte wie Kumquat, Tamarillo, Physalis, Pitahaya u.a.m.; Weiß- und Rotwein, Mineralwasser, Kaffee.

### *Seminardaten:*

- Bitte erfragen Sie diese unter info@knigge-seminare.de.

# Power Tag
## Treffende Rhetorik und selbstbewusstes Auftreten

Wer kennt nicht Menschen, die selbstbewusst auftreten und aus jeglicher Situation als Gewinner hervorgehen? Authentisch auftretenden Menschen öffnen sich in unserer Gesellschaft viele Türen. Dabei helfen neben modernen Umgangsformen das selbstsichere Auftreten und der Umgang mit dem Gegenüber auf verbale und non-verbale Art. Abgesehen davon ist es angenehm, sich (selbst)sicher und frei und unter anderen Menschen zu bewegen.

Das gemeinsame Ziel: „Sich seiner selbst bewusst" werden und entsprechend selbstsicher auftreten und zu und mit anderen reden können.

### Aus dem Inhalt:

- Körperbewusstsein und Selbstbewusstsein. Wahrnehmungstraining, Selbst- und Fremdwahrnehmung, non-verbale Kommunikationsübungen, Körpersprache.

- Präsentation, Vortrag und verbotene Wörter. Unwörter und lästige Fülllaute, statt schwammiger Schwafelei lieber knallharte und treffende Rhetorik, Spannungsaufbau, Vortragsbeginn, wirkungsvoller Auftritt und glanzvoller Abgang, Interaktion mit dem Publikum.

- Flexibilität, Kreativität, Schlagfertigkeit. Stegreifübungen, Situations- und Rollenwechsel, Schlagfertigkeitsübungen, Flexibilität, visionäres Denken.

- Anti-Stress-Programm: Wie Stress entsteht, Anti-Stress-Methoden, Fantasiereise.

### Seminardaten:

- Bitte erfragen Sie diese unter info@knigge-seminare.de.

# www.knigge-seminare.de
## Rhetorik, Präsentation, Umgangsformen

Wer hat nicht gerne mit Menschen zu tun, die selbstbewusst und selbstsicher mit anderen Menschen umgehen?

Geschäftspartnern, die elementare Regeln des ‚Benimms' beherrschen, stehen die Türen zum Erfolg offen. Firmen und Unternehmen, die neben ihrer fachlichen Leistung ebenso ‚menschlich' überzeugen wollen, bieten wir für Ihre Mitarbeiterinnen und Mitarbeiter aktives Training im Umgang mit Kunden, Gästen, Kollegen und Gesprächspartnern an.

Auf unserer Website informierten wir Sie über folgende Seminare:

- Firmen-Internes-Training (FIT-Seminare)
- Business-Etikette Spezial-Training
- Business-Etikette
- Der ‚wie isst man/frau was' Knigge
- Der Erste Eindruck
- Selbstbewusstes und sicheres Präsentieren und Rhetorik
- Erfolg beginnt im Kopf
- Offene Seminare für jeden (OFF-Seminare)
- Individuelles Coaching für Einzelpersonen (ICE-Coaching)
- Service- und Freundlichkeits-Check
- Fachliteratur und Arbeitunterlagen zu den Themen

Besuchen Sie uns auf www.knigge-seminare.de